U0061888

中環一筆叢書

第 **1** 輯

# 龍鷹相搏

## 香港看到的中美政經關係

雷鼎鳴 著

太平書局

「中環一筆」叢書第 1 輯


龍鷹相搏——香港看到的中美政經關係

作　　者：　雷鼎鳴

責任編輯：　Amy Ho

封面設計：　Cathy Chiu

出　　版：　太平書局

　　　　　　香港筲箕灣耀興道3號東匯廣場8樓

發　　行：　香港聯合書刊物流有限公司

　　　　　　香港新界荃灣德士古道220-248號荃灣工業中心16樓

印　　刷：　盈豐國際印刷有限公司

　　　　　　香港柴灣康民街2號康民工業中心14樓

版　　次：　2021年 7 月第 1 版第 1 次印刷

　　　　　　© 2021太平書局

　　　　　　ISBN 978 962 32 9357 0

　　　　　　Printed in Hong Kong

# 「中環一筆」叢書總序

都說歲月有痕。香港正處於百年未有之大變局。順應歷史潮流的變革是一種必然。

世上很多變革往往是被迫發生的，包括觀念的變革。任何一個事物的變革，巨大的動力在於迫切需要變革的人。香港走到變革的今天不容易。這種艱難度，香港人最清楚。

變革，就是不同於昨天，不重複今天。變革中的問題，只能透過繼續變革來解決。不斷的變革，才有不盡的活力。變革的時代，提供了發揮能力的機會，也提供了對能力的挑戰。

立足大視角，變革新香港。跳出香港看香港，跳出當前看長遠。這是本叢書第一輯、第二輯共 10 位作者的共識。

自 2014 年 7 月，零傳媒國際有限公司牽頭成立「中環一筆」評論小組，邀請香港媒體界、教育界、司法界、財經界等專家，每週撰寫關於香港時政的評論文章。他們扎根在各自的專業領域數十年，建樹良多。7 年來香港經歷了一系列的動盪，從非法佔中、雨傘運動再到 2019 年的反修例風波，他們一直堅守前線，筆耕不輟。

2015 年以來，零傳媒已先後出版了《香港傘裏傘外博弈》、《血色旺角前世今生》、《回歸 20 年 —— 香港浴火重生》、《香港

超越內耗》、《香港拒絕傲慢與偏見》、《香港顏色密碼》、《衝破香港黑夜的曙光》等 7 本相關評論文集，在海內外傳遞出強有力的聲音。當時間走到 2021 年，《香港國安法》已經實施，完善選舉制度條例刊憲，香港迎來一個新的變革契機，我們覺得需要為每一位作者的思考，專門結集出版。

這 10 位作者及其作品，分別是雷鼎鳴《龍鷹相搏 —— 香港看到的中美政經關係》、楊志剛《花開瘟疫蔓延時》、陳莊勤《沉默不螺旋》、屈穎妍《支離破碎的世界》、陳文鴻《港人的家國觀和世界觀》、阮紀宏《來生再寫中間派評論》、劉瀾昌《港人為何未能治港》、何漢權《教育，過眼不雲煙》、潘麗瓊《黑暴未了，真兇是誰？》、江迅《嬗變香港》。

感謝太平書局為此套叢書精心設計，如您將整套書擺放在一起，在書脊處會見到香港地標中環的完整海岸線，我們謹以此向各位作者致謝。

我們共同期待大變革下，香港會越來越好。

# 序言：百年一變

從 50 年前尼克遜總統歷史性訪華開始，到今天算起以後的 50 年，世界政治經濟格局的最大變化是甚麼？我相信是中國迅速崛起及美國國力由盛轉衰所帶來的中美關係重新定位。本來 30 年前蘇聯及東歐社會主義集團的崩潰也是超重大的歷史事件，但當年蘇共集團的經濟與外間一向隔絕，其人口總和也遠比不上中國，所以她們縱有巨變，其他國家也感受不深。

中國不同，這個有 14.44 億人口的大國，與整個世界幾乎所有的國家經濟上都有血脈相連的關係，其產品風行全球，她的經濟容量，以購買力平價計算，在 2014 年已是世界第一。中國的防禦性軍事力量進步快速，她的中程彈導導彈系統獨步全球，已有把握擊沉任何在中國海岸 2 000 公里以內移動的航母。此等經濟及軍事上的實力，不但有可能撼動美國的霸權地位，也使到其他國家不願與中國為敵。美國當慣了世界一哥，眼見老二追奔上來，難免深感不安，「修昔底德陷阱」(Thucydides Trap) 的思維瀰漫全國。

香港是中西文化交匯之地，亦是全球資金及訊息自由流通的國際大都會，有此因緣，無論我們接受與否，香港都難免陷入中美博弈的漩渦，香港未來的發展，亦會深受此影響。不弄懂中美關係，分析香港便很易弄錯。

我們若拋開細節，對中美相對力量轉變的來龍去脈也很易明瞭。有兩個變化是影響深遠的。

第一個變化是中國經濟高速增長，2020 年中國的 GDP 扣掉通脹後，是 1978 年的 40.2 倍！此等人類歷史上未有過的增長速度，也着實把美國嚇了一大跳，敵視中國的政客則深感形勢嚴峻，有噬臍莫及之嘆。其實他們今天若是擔心中國會超越美國，也只是咎由自取，過去幾十年，西方的政客及評論人一直都不相信中國經濟能接近或超越美國，但這就是發生了。我近日翻閱一些自己的舊作，倒是發現 20 多年前已預見到今天的情況，例如 20 年前及 10 年前我對中國經濟的預測，經得起實證的考驗，若是有輕微誤差，原因還只在於我稍低估了中國經濟的動力。[1]

第二個變化是美國近 30 年來的退步。蘇聯解體時，美國國力如日中天，但禍兮福所倚，當一個國家缺乏競爭對手後，有些人總會驕傲自大，不思進取。在國內，美國沒能化解到貧富不均及種族歧視等社會矛盾；在國際上，她到處樹敵，連續發動多次戰爭。美國一國的軍費高於排名第二至第十的總和，但她每年仍把 3% 至 4% 的 GDP 用在軍費上，以致民生項目缺乏經費，公路、鐵路、機場等基建連年失修，有些天氣溫和的城市如羅省或舊金山，貧無立錐之地的露宿者卻是滿街滿巷。一場疫情襲來，整個政府亂了手腳，感染及死亡人數竟都冠絕全球。在政治上，2020 年的選舉也把美國社會的嚴重撕裂暴露了出來，拜登雖高呼「美國回來了」，但各國有識之士不免仍對她抱有懷疑態度。

上述中美兩國國力的變化會帶來甚麼影響？這並非大多數人

---

[1] 參看 2001 年 5 月 24 日拙作「中美關係與經濟角力」（收集在拙著《替香港經濟把脈》），及 2010 年 10 月 11 日「中國高速增長能否持續下去？」（收集在拙著《中國與世界經濟大變局》）。

看得清楚，香港反對派在此事上判斷力的差勁，尤其使人驚訝。曾幾何時，「攬炒」的口號高唱入雲，但他們真的勇於玉石俱焚嗎？在國安法推出後，大批曾高呼「攬炒」的反對派在不算嚴厲的懲罰面前，紛紛潛逃離港，充分反映他們根本從未打算自己真的會去為香港共存亡。那麼，「攬炒」背後真正的理論是甚麼？

說穿了，一文不值！「攬炒」的具體行動是破壞香港，到處掟磚縱火，攻入立法會，干擾港人的正常生活。黑暴分子以為這樣便可挑動中央派兵平亂。按照他們的劇本，這可提供藉口讓美國制裁中國。劇本接着下去，是傳說多年未見蹤影的中國經濟崩潰突然出現，如此一來，神州大地自會民怨四起，國家領導人紛紛倒台，中國四分五裂，無暇再顧及香港，黑暴港獨分子的好日子便來臨了。

這個幼稚的劇本在實際世界中很快便演得荒腔走板，我們見不到它有丁點成功的可能，看得到的只是它的一敗塗地。美國也不是沒有扮演她在劇本中應有的角色，貿易戰、「制裁」內地及香港的一些官員、大規模的抹黑宣傳戰，應有盡有，但令美國及香港「攬炒」分子失算的是，今天資訊科技發達，內地人民輕易掌握到大量香港暴動的實況，他們對香港反對派的行徑十分不齒，在機場黑暴分子禁錮及毆打《環球日報》記者一事更激起全國公憤，據說此事件錄影的點擊率達數十億次，內地人民敵愾同仇，反而慶幸中國的制度不會衍生出此種亂局，對中央的認同感更深，社會的穩定性更鞏固。2020 年中國有效的抗擊了疫情，人民的制度自信更強。西方國家在新疆問題上的抹黑，又再加強了內地人民對英美等國傳媒的反感。西方傳媒在西方國家中有很

強的影響力，但在內地，他們卻已陷入了信任危機中。

在經濟層面上，特朗普發動的貿易戰並無達到他的任何目標，更遑論能把中國經濟拖垮。在疫情肆虐的 2020 年，中國的 GDP 是全球所有大國中唯一能保持正增長的國家。反觀美國，不但經濟受疫情重挫，政府欠下共 28 萬億美元的巨債，等於美國人民平均每人要為政府揹上 8 萬美元的欠債。拜登政府要搞基建刺激經濟，這本有其合理性，但黃台之瓜，何堪再摘？欠了這麼多債，美國還剩下多少借貸信用去籌措資金？

上述情況，中美的領導層理應心知肚明，但應對的策略卻大有不同。中國繼續高度專注發展科技與經濟，不受外力干擾。美國則仍未擺脫「修昔底德陷阱」的思維，一心只想用各種手段保住一哥的地位。拜登明白特朗普的單邊主義不行，唯有大搞合縱連橫，爭取盟國的支持。

中國原本奉行韜光養晦的國策，但從近年的事態中，似已得出明確結論，認定美國的最高外交政策，便是不惜一切遏制中國的發展。有此認知後，就算本來不情不願，也不得不準備好與美國一較高下。既然中美實力此消彼長，差距迅速收窄，中國便有了底氣，在安克雷爾（Anchorage）的會議中，楊潔篪可以教訓美方：美國再無資格站在實力位置對中國說話。未來十多年，中美在多個層面惡鬥，難以避免。

這是一種國策上的範式轉移，中國再也不理會美國在普世價值的說教，自己會提出另一套美國表現欠佳的價值觀。中國也不認同美國在戰後構建的國際秩序為各國都須遵守的準則，但卻會尊重聯合國的規則，並認為美國屢屢犯規。此種轉變，倒是顯得

尼克遜有先見之明，在 1994 年他在自己最後的一本著作《和平以外》（*Beyond Peace*）中有如下一段話：

> 今天，中國的經濟實力已經使到美國關於道德與人權的說教顯得輕率，10 年內，這些說教將變得毫無作用，20 年內，它們更會淪為笑柄。

看樣子，美國政府對尼克遜的警告毫不在意，但在中國，尼克遜的預言卻已成真！

本書共分五章，「貿易戰戰火連天」、「經濟誰怕誰」、「陷於漩渦的香港」、「不問道德的博弈手段」和「新時代格局」，是我過去 3 年有關中美經濟與政治關係部分文章的結集，文章散見於《晴報》、《頭條日報》、《信報》、《大公報》及《亞洲週刊》。這些刊物的編輯為我開闢與讀者交流的園地，我十分感謝。

寫這些評論文章並非都是愉快的經驗。我分析問題一向重視證據，每篇文章撰就前，都會花大量時間做足功課搜集資料。在這個過程中，卻無可避免地發現有些虛假訊息已被武器化，變成達到政治目的的工具，這是我不能接受的現狀，分辨訊息的真偽已成我的習慣。

中國與美國都是偉大的國家，都是人類命運共同體的一部分，合則兩利，鬥則俱傷。看了這麼多資料與數據，記錄了這麼多事情，我相信對兩國關係的發展認識是加深了。建議讀者留意書中每篇文章原刊的日期，再自行判斷有多少推斷後來變成現實。若是有不少成功的例子，當然也不值得誇耀，「見日月不為

明目，聞雷霆不為聰耳」，比別人早一點看到明顯會發生的事又有何奇？只是過去的分析若得到實證支持，我們便愈有可能見到未來中美關係的惡化，這容易使人憂慮。

雷鼎鳴

# 目　錄

# 第一章

# 貿易戰戰火連天

# 1.1 貿易戰是特朗普 送給中國的禮物

美國發動的中美貿易戰，雙方早已各自布陣，戰鼓雷動，但總算還未有真正打起來。中國軟硬兼施，先對美國提出的關稅堅決還擊，繼而習近平又在博鰲亞洲論壇上釋放善意，擁抱開放政策，認定經濟全球化不能逆轉，特朗普及其背後的策略師，立時便陷於道德低地，這場仗未打便已輸了招。

## 美國人總開支太大

美國的意圖是甚麼？從特朗普的論述中，他似乎十分介意美國貿易有巨大逆差，認為是美國吃了大虧。消除貿赤是否他的目的，而貿易戰則是達到這目的的手段？大學初級經濟學告訴我們，假如他真的這麼想，便大錯特錯。

經濟課本有此不以人的意志而轉移的定律，外貿淨出口（NX）等於總儲蓄量（S）減去投資總量（I），即 $NX = S - I$，NX 若是負數便是逆差，正數則是順差，儲蓄愈低，逆差的絕對值便愈大。

美國的逆差是由於美國人的總開支大於他們的總產值，要靠

別的國家接濟，向她供奉商品，這便是她的逆差；別人肯送商品給她，是因為她開動印刷機，印出一張張鈔票或債券作出交換，這些鈔票或債券並無使用價值，它們都是欠單。

由此可知，只要美國人不願減少消費或投資，而又不能改進生產力的話，美國的貿赤不會下降，若是因對中國商品徵收關稅而令中國貨品入口減少，美國人便只能以更貴的價格從別的國家入貨。對華的貿赤會減少，但總貿赤不會。不要忘記，美國去年稅制改革令她更倚靠借貸，儲蓄更少，貿赤會應聲上升。由此可見，特朗普若是懂經濟，對華貿易戰的目的不是為了削減逆差。

在此也要指出一點，美國雖是地大物博、土地肥沃，科技發達，但卻是世界上最不能自給自足的國家，2017年她的商品與服務業貿易逆差總共4 620億美元，遠遠地拋離英國，高踞世界第一。美元是世界的儲備貨幣，印出鈔票便可以用它在世界買來消費品，美國人被供奉慣，被寵壞了，只要別的國家不向美國追債，她怕甚麼貿赤？

在美國推出的第二輪對華商品的關稅清單中，她擺明車馬是要針對2015年李克強推動的「中國製造2025」。中國早已是世界第一大製造業國家，但產品較為低端，所以中國計劃大幅度地提高產品的科技含量，並列出了10個新的發展方向。美國完全跟隨這10個項目的清單去抽稅，用的藉口是根據所謂的「301條款」所賦權的調查。「301條款」是1974年出台的美國法例，名義上用以調查知識產權，80年代中期美國便曾以此為名義，威逼日本在貿易上讓步，從而拖慢她科技產品的發展；後來美國又故伎重施，遏抑台灣半導體工業的進步。

## 有戰術與戰略之分

若說美國的目的只是保護知識產權，也不見得完全準確。中國過去是較落後國家，科技水平與發達國家有差距，這便使中國擁有後發優勢，她耳濡目染，總會吸納到別人科技及管理上的優點，正如在歷史上不少國家都學到了中國的四大發明及中華文化一樣。

中國過去的確對知識產權保護不夠，但因近年她創新科技進步快速，不保護知識產權反而對己不利，美國不向她施壓，她也早已大力加強知識產權的保護，「301 調查」豈非多此一舉？況且中國在某些新興高科技產業中已進入世界最先進水平，電子商貿便是一例。

有些領域，中國人口眾多，搜集大數據不用太顧忌私隱，規模效應顯著，進步更是神速。我在內地參觀過一些高新科技企業，它們便能利用到此種優勢，人工智能水平之高使人印象深刻。歐美社會對此頗為忌憚，以現時內地進步的速度，人工智能幾年後在多個領域超過外國，毫不奇怪。「301 調查」可能只是借口，用保護知識產權的名義去限制「中國製造 2025」產品的入口，反映出美國在心理上是採取守勢，怕中國的高科技產品來勢洶洶，競爭力太大，惟有盡力遏制其發展速度，拖得一時便一時。

這或許是美國發動貿易戰不願說出口的目的。歐洲一些國家雖也主張自由貿易，但同樣也可能畏懼中國進步之速，她們暗地裏或許希望中國發展之勢受到遏抑。利益使然，她們的立場可能搖擺不定。

中國若認定美國的目的是打擊「中國製造 2025」的國策，因

涉及國家核心利益，是不可能退讓的。這場仗如何打下去？這有戰術與戰略之分。

在戰術上，中國首先要盤點彈藥，看清楚雙方實力，再訂下大計。中國也已做足心理準備，明白貿易戰都沒有贏家，雙方都不可避免地會有損傷，因此必須充分克制。

中國的統計口徑與美國不同，美國估計，美國對華貿易逆差是 3 752 億美元，中國則估計是 2 758 億美元。我們不妨以美國的數字作為起點去分析問題。美國已宣佈會研究向從中國輸入的 1 530 億美元貨品徵稅，中國若要等價回擊，應對多少美國商品徵稅？這問題有點講究，要算一算。

## 權威數據經大量運算

中國出口的產品中有不少都是把從外國進口的零部件加工組裝起來再出口，因此出口的商品一般並非含有百分百的本土生產成分。在十多年前，劉遵義、鄭國漢、中國科學院數學與系統科學研究院的陳錫康教授及多位經濟學家曾進行過一個大型研究，我主理的經濟發展研究中心也有資助這項目，他們發現當時中國的出口商品中只有約四成是中國自己製造的增加值。

但時移世易，中國生產能力愈來愈強，很多零部件過去生產不了，現在也可生產，因此出口品中的本土成分日漸增加。我問過鄭國漢最新的估計如何？他十分幫忙，告知我陳錫康教授的研究團隊在「中美交流基金」的資助下，最近用 2015 年的貿易數據更新過估算，得出結果是平均而言，中國出口到美國的商品中 69.4% 是中國自己創造的增加值，美國出口到中國的，則是

88.7%。

按照這兩個要經過大量運算才得到的權威數據，我們可推導出一個結果，美國向 1 530 億美元中國貨徵稅，中國若等價回擊，向約 1 200 億美元的美國商品徵稅便可。

2017 年美國入口中國貨超過 5 000 億，中國輸入的美國貨卻只有約 1 304 億，若美國不停擴大徵稅的範圍，中國是否需要亦步亦趨還擊？不需要的。就算中國完全不向美國加徵關稅，美國也要為自己的徵稅而承受損失，消費者要用更貴的價格向別的國家買貨。但中國若要成為自由貿易的旗手，卻反而有責任去加重懲罰發動貿易戰的國家，使其蒙受更大的損失，成為反面教材。

中國的還擊應適可而止，只要美國討不了好處，並要承受相當沉重的代價便可停止。本來在服務業的貿易中，中國對美國是數百億美元的逆差國，但我認為不用向美國輸華的服務業（例如飛機航班或旅遊業）徵稅，因輸入中國的服務業對中國有利，不用限制。但如果美國政府不知進退，繼續擴展戰線，中國倒可賣掉一部分美債，轉成人民的消費品。這會引起金融動盪，但美國首當其衝，加息會加快，損失比中國大。

在戰術中，中國尚有一招可針對美國對「中國製造 2025」10 種產品領域的衝擊。美國每向中國的高新科技產品抽 100 元的稅，中國報復性抽稅所得到的稅款應如何用？應該悉數用在補貼高新科技的研究開發，甚至更再加大經費。換言之，科研可與美國的關稅掛鉤，美國加的稅愈多，中國高新科技所得的補貼便愈大。這會令美國遏制中國高新科技產品發展的圖謀落空。

近身肉搏有針對性的還擊戰術是重要的，它們可削弱別國啟

動貿易戰的誘因，但我們更應注意的，該是戰略上的考慮。這裏有兩個陷阱要注意。

## 給中國一個表演機會

第一個是「修昔底德陷阱」(Thucydides Trap)，這是指既有的強國眼見有新興國家冒升，威脅到自己地位，故要先下手為強把它幹掉。美國見到中國國力及科技進步急速，渾身不舒服，發動貿易戰以遏制中國原因也在此，但貿易戰總比軍事戰爭要好。

這個陷阱不易迴避，中國軍力尚未足夠強大，發展貿易有助於建立「你中有我，我中有你」的局面，從而減低戰爭的風險，所以中國需要全面支持自由貿易，習近平提出的建設「人類命運共同體」既可使中國站在道德高地，也幫助中美減低開戰的風險，一舉兩得。

第二個陷阱是所謂的「金度伯格陷阱」(Kindleberger Trap)，此陷阱是以麻省理工一著名經濟教授金度伯格 (Charles Kindleberger) 為名，是指某強國若不再願意（或再無能力）領導世界時，如果沒有一新晉武林盟主出現，國與國之間缺乏制衡，容易出現混戰，兩次世界大戰都可追溯到此等權力真空。

特朗普常說「美國優先」，要退出巴黎的氣候協議，搞單邊主義，發起貿易戰，要別國交「保護費」，全球到處樹敵，都足可使世界各國懷疑美國是否有意願或力量繼續當武林盟主或世界警察。中國這時候搞「一帶一路」，批判冷戰思維，堅持開放路線，繼續推動經濟全球化，對減少碳排放的項目大量投資，正好填補美國退出後的真空。這個過程雖必會曲折，但大大有助中國提高

國際地位。

在這個歷史高度下看貿易戰，可視之為「修昔底德陷阱」的一種表現形式。特朗普搞損人害己的貿易戰而又難以成功，正好暴露出美國充當武林盟主已力不從心。為免世界跌入「金度伯格陷阱」，中國需要逐漸地填補美國留下的真空，特朗普的貿易戰正好給了中國一個表演的機會，習近平在博鰲的演說使他成為不少普世核心價值的捍衛者，貿易戰即時雖會替中國帶來損失，但卻可視為特朗普送給中國的禮物。保住特朗普的面子，使他繼續在台上自吹自擂，符合中國利益。

（原刊於 2018 年 4 月 13 日《信報》）

# 1.2 特朗普加關稅益誰損誰？

　　特朗普要對美國進口的鋼材徵收 25% 的關稅，鋁則徵收 10%，原因是別人賣給美國的鋼與鋁太便宜，美國這方面的工廠競爭不過，要保護。

　　這是很錯誤的經濟邏輯。別人廉價賣東西給你，你卻嫌它太便宜，要對方加價，怎會有這樣的消費者？有人可以這樣說，對方現在平賣，是想搶佔市場，只要競爭者都倒下，對手就會加價了。這也說不通，鋼與鋁世界有多處地方都有生產，某國就算搶佔了市場，只要一加價，市場又會被別國奪回，在國際貿易上要獨佔市場，謀取壟斷利潤，哪有這麼容易？

　　今次特朗普加稅，甚麼人得益？甚麼人損失？美國的鋼材消費者是一定損失的，因為他們要付更高的價錢，而且因為供求關係，消費的量會減低。政府倒是賺的，它多了稅款。向美國出口的商人有損失，他們能收取的價格，會因徵稅而被壓低，而且賣出的量也會減少。這便是為甚麼多國政府都對特朗普此政策大加指責。美國損了人，但是否一定利己？倒不是，政府所賺的不一定補償到消費者的損失。倘若別國為了報復，而對美國出口到它們那裏去的產品也徵稅，美國則肯定也會吃虧。

　　美國鋼與鋁的消費者是誰？他們可不是一般的人民，而是

使用鋁或鋼的工業。美國鋁業與鋼鐵業的工人約有 14 萬人，但使用鋁鋼的工業卻僱用 650 萬人，為了保護 14 萬人而打擊僱有 600 多萬人的工業，不知特朗普怎樣算？

有人說此政策是要打擊中國，因為中國生產着世界一半的鋼。但中國的鋁鋼業幾乎早已放棄了美國，中國的鋁加上鋼，其實很少輸到美國去，加起來還不夠 100 億美元，佔中國 2017 年 12.3 萬億美元 GDP 的比重低至可以不理。美國的加稅，不會使中國有甚麼感覺。但加拿大、韓國等金屬輸出國，受影響卻大得多。從另一角度看，中國還有可能有得益。中國年產 16 億噸鋼鐵，產能過多，乘此機會大力削減一下有好處，中國的環境也可少受些破壞。

特朗普老是在埋怨美國有貿易赤字，覺得美國是被人佔了便宜，其實剛好相反。貿赤等於美國出口了少量的貨物後，可換回大量的入口貨物，美國是淨賺了。為何別國肯吃這樣的虧？因為美元可以作它們的儲備貨幣。美國可以開動印鈔機，把一張張沒有價值的紙張變成美元，再以之換取有價值的商品。這是無本生利的方法，別國羨慕也來不及，美國還有甚麼好埋怨的？人民幣將來若有美元的地位，一樣也可過過貿赤的癮！不過，若美國的產品競爭力不濟，貿赤後再帶來美元大幅貶值，別人不再這麼樂意以美元作儲備，那麼它的好日子也不會長。

（原刊於 2018 年 3 月 9 日《頭條日報》）

# 1.3 貿易戰開打

特朗普發動的中美貿易戰第一輪雙方已短兵相接，開打了，第二輪美方正在部署兵力，選擇戰場，中方也必然會回應。至於會否有第三輪、第四輪，將來才知道。

第一輪是小菜一碟，特朗普要對鋼、鋁及其製成品徵收關稅，但豁免了多個國家，中國的則不會豁免。這一輪的規模很小，因關稅並非施於所有鋼鋁產品，中方只有不足 27 億美元的產品要交稅，稅款只有 4 億美元左右。中方回應之道也十分克制，只對價值 30 億美元的來自美國的水果、紅酒等徵稅，稅款約 6.5 億美元。

美方已宣佈要對涉及 600 億美元的從中國進口商品徵稅，但具體在那些項目徵稅，要在 4 月 7 日前才公佈。不過，一般估計，針對中方的戰略報告《中國製造 2025》中列出的高新科技項目，如信息技術、高鐵裝備、機器人等而制訂出來，換言之，美方是要遏制一下中國高新科技發展的速度，又或許美國部分科技界已視中國為競爭對手。中方是被動者，需要等待美方公佈才能制訂方案。

這場貿易戰中國應如何博弈？貿易戰是真的沒有贏家的戰爭，傷敵八百，隨時自損一千，但若不報復，對方可能會擴大戰

場，沒完沒了，所以必須反擊。反擊的原則應該有二：第一是要有克制，不胡亂擴大戰線，第二是反擊力道要稍大於對手攻來的一招，要使對方感受到痛楚。在第一輪的博弈中，中方似乎是採取這兩個原則。

但與對手博弈一定要先知己知彼。中國其實有足夠底氣打這場仗。表面看來，按美方數字，2017 年中國向美輸出 5 000 多億美元貨物，而美方逆差竟達 3 752 億美元，中國是賺了，但其實不然，中國的輸出品很多都是把外來進口的半製成品組裝起來，產品中的中國本土比重不高，所以上述的逆差不是中國造成的逆差，而是美國面對多個國家的逆差。若對中國出口的最終製成品徵稅，中國只需承受部分的損失。

我們大可作最壞打算，假如美國要全面開戰，對中國出口的 5 000 多億美元全部徵 20% 的稅，中國是否受得了？受得了的。假設中國出口商品中的本土成分只有一半，那麼 2 500 億的 20% 便是 500 億美元的稅款，相對於中國 12 萬億美元的 GDP，只是 0.4% 而已。

中國過去不是靠國際貿易而迅速發展的嗎？沒錯，貿易對中國幫助極大，通過國際競爭的壓力，中國的企業不得不努力改善生產力，至今已有大成，而且在過程中，中國亦學懂了不少外國先進的管理與技術，現時羽翼早已豐滿，貿易對中國這麼大的一個頗能自給自足的國家，好處已減少，況且中國的科研體制已成形，早已從抄襲進化為創新了。

也許這場貿易戰還會帶來點好處。這會提供更大的誘因，使中國貫徹一帶一路政策，開闢新的市場。中國投資高新科技及教

育的比重也應提高。在市場競爭方面，繼續拆牆鬆綁，使到新公司容易進入市場，會造成競爭氛圍，有利提高生產力，亦可替代因貿易減少而弱化了的市場競爭。

（原刊於 2018 年 4 月 6 日《頭條日報》）

# 1.4 中國有無實力打貿易科技戰？

從美國貿易代表上週訪華談判時開天索價提出的要求清單可見，中國根本不可能照單全收，但也顯露出美國最害怕的是「中國製造 2025」的發展計劃。美國副國務卿 John Sullivan 一段談話錄像，也印證此點。他認為中國在科技的很多方面已有很強大的競爭實力，而且進步很快，而美國從來沒有面對過一個科技有可能領先而又這麼大的國家。

## 只圖遏抑中國科技發展

貿易戰不會有贏家，美國討不了好處，美國政府真正所圖的，可能只是遏抑中國的發展，尤其是科技上的發展。要知道，現在中國每年本科畢業的工程師和專科畢業的技術人員有 200 多萬，比美國加上歐洲的總和都要多，而美國大學的校園中，理工科的「學霸」極多都是來自中國，美國政府對此焉能不懼？

我多次談過「修昔底德陷阱」，即現有的武林盟主害怕後起之秀的冒升，必要先誅之才能感到安全。中美軍事上大戰的機會不大，但在其他領域起衝突卻甚有可能。明乎此，中國雖然希望保持開放政策，與美國繼續貿易，但對特朗普力陳貿易戰的不智，恐怕是對牛彈琴。

中國應有兩種並行政策：一是在國際上反對保護主義並在經濟上更加開放；二是對美國此等發動貿易戰的國家堅決還擊，使其在中國市場中輸給其他的國家。貿易戰這種共損的蠢事若是不得不打，在打之前也必須檢視雙方實力，知己知彼，否則當會愧對歷史上熟讀《孫子》的兵法家也。

　　我素來相信底線思維，與對手爭鬥前，必須了解自己可否在最壞情況出現時，有足夠承受能力；若然可以，則幾乎可談笑用兵矣。在貿易上，最極端最惡劣情況是完全「自給自足」（autarky），貿易完全消失，從貿易中得到的好處亦會無影無蹤。根據以上思路，中國應評估一下「自給自足」對經濟帶來的損失究竟有多大。要注意，在經濟學上「自給自足」並不是甚麼好事，這倒是外行人要稍作思考才能接受的。我們也可倒過來問性質相同的問題，貿易相對於完全封閉，亦即完全的「自給自足」，究竟可帶來多少經濟效益？

　　這問題當然涉及不少因素。沒有貿易意味着一個國家只能消費自己生產的產品，沒有能力生產的，或是生產成本很高的，對不起，你買不到，只能消費別的。產品的替代性是一個因素，例如華為的手機與蘋果有無替代性？你若只肯要蘋果，無法接受華為，那麼「自給自足」對你影響很大，若很多人的偏好與你一樣，「自給自足」對經濟帶來的損失便很高，反之，貿易帶來的利益便可觀。

　　本國生產某產品有無相對優勢是另一因素。倘若你生產某產品的成本比別國的高出一大截，或是你根本無此技術，貿易當然可助你解困。

　　生產是否需要投入大量半製成品或零部件也是因素。在鎖國

政策下，就算你懂得製造某產品，但沒有零部件，也是枉然。在需要零部件才能進行的生產，貿易的助益會更顯著。

市場結構也重要。假如在國際貿易中，你可稱霸市場，世界只有你一家公司有壟斷能力，貿易可以把你的利益放大多倍；反之，若在國際市場中，你仍要面對着多種競爭，那麼貿易對你帶來的好處便減低。

還有一樣十分重要。一個細小的經濟體資源有限，生產不了很多種類的產品，貿易便是生死存亡之道。但像中國及美國此等大國，國內已可互通有無，國際貿易的作用便較小。

要考慮這麼多因素本是頭痛之極的事，幸好過去十多年間，國際貿易理論有突破性發展，現時經濟學界已懂得用一些新發展出來的方法，再採集一些不難得到的宏觀數據，便可有根有據簡易地把貿易相對於 autarky 帶來的經濟利益計算出來。麻省理工及柏克萊有兩位經濟學家年前曾總結各家各派的計算方法，為 34 個國家把貿易帶來的利益（或「自給自足」帶來的損失）估算出來[1]，這裏只說對中國影響。

## 美國只許州官放火

假設中國本來是「自給自足」（或被鎖國），又假設中國可生產多種產品及在過程中需要用零部件或半製成品，如果這些局限被取消了，中國可以參與完全競爭性的國際貿易，那麼中國可得益多少？是 GDP 的 11.2%。如果中國的產品能有一定的壟斷能

---

[1] 文中所用的估算結果來自 Arnaud Costinot 及 Andres Rodriguez-Clare 在 *Handbook of International Economics*, vol. 4,（2014）的第四章。

力，得益還可高達 GDP 的 28%。這裏以競爭市場下的 11.2% 為討論的對象。

這 11.2% 如何解讀？中國今天是世界上最大的貿易國，如果她再不進行任何貿易，在經過一段調整期後，她的損失會大約等於 GDP 下降了 10%，這便是「自給自足」的代價。這是一種水平的變化而不是增長率的變化。舉個例子，假設有貿易之時的 GDP 是 100 元，將來每年增長 11%，現在突然沒有了貿易，GDP 會變成 90 元，但 11% 的增長率不變，一年後 GDP 才回到 100 元的水平，兩年後是 110 元，餘此類推。換言之，在此例子中，「自給自足」會把中國的發展階段推後了一年。

從上所述，對於中國這樣一個大國，各地區間可互補有無，完全的「自給自足」帶來的負面影響其實不大，只等於 GDP 約 11%，這個份量的影響在歷史長河中並不重要，它只是把中國 GDP 增長軌跡推晚一兩年而已。但要指出，在過去數十年間，貿易對推動中國經濟的發展，作用卻比今天遠大得多，這是因為在改革初期，中國需要貿易帶來的國際競爭壓力迫使中國的企業進行改革，不改革便只有關門大吉。

在此過程中，中國亦從外界引進了大量技術及管理上的知識。更重要的一點是，中國逐漸建立起科研及教育體制，人才的培訓比前有效，經濟就算封鎖了，也不易傷到筋骨。假如一二十年前中國被迫鎖國，那麼對中國 GDP 的打擊我相信會遠超 11.2%。

從這數字中可知，在貿易談判中，中國應有充足的底氣。美國要中國放棄補貼高科技的「中國製造 2025」，但自己卻對 Tesla

幾乎免費提供土地及巨額現金補貼，這豈非只許州官放火，不准百姓點燈？我一般不贊成補貼性的工業政策，認為在自由市場中互相按自身的相對優勢去生產及交易最合理，但美國近來的舉動已使人不能再信任她。補貼高科技的發展，使其更快增加自主性，不用受制於人，便不得不變成國策。既然最極端的貿易戰的損失也只是拖慢 GDP 一兩年的發展，中國絕對可承受。

貿易戰很少會發展至全面禁運這麼嚴重，美國也不可能隻手遮天，我們也可評估一些較溫和的貿易戰的後果。假設世界貿易市場有足夠的競爭，但美國突然單方面對一切入口商品徵稅40%，中國的 GDP 經過調整期後，只會因此而下降 0.46%，微不足道。就算美國擁有世界武林盟主的能量，成功地促使世界所有國家都把關稅訂在 40%，中國的損失也只是 GDP 的 2.28%，情況比完全的 autarky 好得多。

由於中興被美國「休克」掉，所以大家都把注意力放在芯片等戰略性的核心技術上，擔心美國會否利用它在高科技供應鏈的力量絞殺中國的高科技企業。中興的例子的確可證明，美國在短期內有能力滅掉一些缺乏核心技能的中國二流公司，但我們若仔細分析，便會發現情況尚好。有幾點是我們要注意的。

## 中國可用保護措施

第一，在不少高科技產品的市場中，中國產品的市場佔有率近乎零，但這只意味中國缺乏經濟誘因生產這些產品，不一定是她沒有能力這樣做。這本是國際貿易的常態，沒有相對優勢便不應造，例如，美國在極多日常消費品中完全沒有優勢，最好的方

法便是不生產，靠進口。但為甚麼某些芯片或其他高科技產品中國並無優勢？主要原因是別人有先手優勢，申請了專利權，並訂定了業內的標準。舉個例子，民用市場中有了視窗這平台後，新產品若不是與視窗兼容，便賣不出去，若要兼容，又可能要付出不少成本向專利權的持有人買入使用權，很難賺錢。

第二，民用市場被別人佔有後，不易奪回，但不少高科技產品是軍用的，則不用考慮經濟因素，可完全獨立於外國的系統，這便培育出不少創新產品。

第三，若美國真的要捏斷上游科技產品的供應鏈，不賣任何含有核心技術的產品給中國，這反可以誘導中國投放大量資源在一些關鍵科技產品的研發之上。中國政府也可使用保護主義措施，禁止一些美國產品在華銷售，例如，禁了蘋果手機後，便可使華為、小米等在中國有更大的市場佔有率，中國龐大的本土市場又可提供足夠的經濟誘因，支持更多的高科技投資。

第四，美國很多公司都會蒙受損失，例如，中國的芯片消費等於世界市場的 54%，不賣芯片給中國，芯片公司吃甚麼？

第五，中國在不少科技領域已佔有領先地位，例如超級計算機、北斗導航定位系統、無人飛機、人工智能、5G 等。以中國科技人員數量之多，將來的迅猛發展是必然的。

中國有實力作基礎，貿易戰短期雖構成損傷，但長遠而言，卻傷不到筋骨，且可能刺激中國投放更多資源發展科技。中國有實力與美國在貿易問題上硬碰。是否能促使特朗普重回自由貿易，則不得而知。

（原刊於 2018 年 5 月 11 日《信報》）

# 1.5 美國稅改與貿易戰

中國政府批評特朗普發動的貿易戰是霸凌主義。這批評當然正確，但我們也應看到，這是特朗普個人性格的必然延伸。分析國際大事，自應以社會科學與事實為基礎，但忽略擁有極大權力的國家領袖的性格，卻容易引致對形勢誤判，所以中國不但要懂特朗普，還要利用其弱點。

特朗普有何性格？去年底美國有多位知名精神病學家，聯名直指他根本便是一名精神病患，對美國構成重大危險，最近更有他們的同行，認為他病情加劇。至於他主要患上甚麼病，卻有些爭議，但也不外是惡意自戀狂、反社會、虐待狂之類的。我是精神病學的外行人，也搞不清這些病症的差異，但據這些精神病學者所言，此種病患不會對損害他人利益有任何內疚，他們看到的只是自己的利益或地位。他們若是成功，會得寸進尺；若是挫敗，也只會繼續蠻幹攻擊，把矛盾升級。他們對實際世界無甚認知，只活在自己的世界中，要停止他們對別人的侵犯，只能是真實世界對他們權力及自由的制約。假設他們行事理性，是緣木求魚。

## 民粹主義主導　胡亂發洩不滿

　　如果分析屬實，應付特朗普只能是以硬制硬，但這也要研究策略。中國或其他國家不可能終止其權力，只能靠美國人自己限制他。美國受不了特朗普及反對他政策的人多如牛毛，但更應先搞清誰是特朗普對華貿易戰支持者。

　　去年美國的國際民意調查機構皮尤（Pew）有個大型跨國調查，他們發現美國人民中有47%對中國抱負面態度，正面則僅44%。在全球多個國家的調查結果卻顯示，位處中間的國家的人民有37%對中國負面，有47%正面，反映中國在世上雖然朋友多於敵人，但在美國卻不能如此說。不滿中國的美國人很多都會支持特朗普的貿易戰。

　　一般美國人對國際政治並無興趣，也不認識中國，但在全球化經濟體系下，不少美國人卻分享不到經濟增長的成果，他們很易被民粹主義者引導，認為中國人搶走了他們的飯碗。至於中國製造的民生消費品價廉物美，充斥市場，大大降低了美國的物價，一般人除非被提醒，否則會視而不見。怎樣提醒？貿易戰可推高美國的物價，以美國人儲蓄低，家無隔日糧的現實看來，物價上升可以有效提醒他們從中國得到的好處及貿易戰的危害。

　　但這裏也要注意美國近月一些重要的經濟狀況。去年12月22日特朗普簽署了一系列的稅制改革法案（Tax Cuts and Jobs Act）。美國稅制複雜無比，但此法案的主要特點便是減稅。在7個個人入息稅稅階中，有5個稅階俱獲減稅率，例如最高稅階的稅率從39.6%減至37%，標準的免稅額也上升近倍。但對商界影響最大的，則是最高稅率35%不復存在，公司稅劃一為

21%，再加上各地的州稅城市稅，企業的稅率大約是 26.5%，低於歐盟的 26.9%。

減稅是利好因素，有助經濟增長、人民可用收入及企業的稅後盈利，這也是為何特朗普上台後，美股除近期受貿易戰的影響外，一直處於上升軌的主因。此種局面有利特朗普掌權，但世上無免費午餐，減稅也有兩大後患。

第一後患是美國人的消費會更被刺激，更要借貸度日。我們知道，美國的貿赤正是因為其儲蓄量低於投資量所致，所以美國的儲蓄減少，後果只會是其貿赤更大，特朗普在國人面前失威可期，但他有可能惱羞成怒，對更多國家發動貿易戰，製造更多敵人。

## 華府不減開支　財赤仍會嚴重

第二後患是倘若美國政府不能同步減低政府的開支，減稅便必然擴大其財赤，增加其政府的欠債。特朗普政府雖說可寄望較好的經濟能帶來更多的稅收，但經濟學界及美財政部的經濟學家都知道減稅做不到增加稅收的效果，所謂的拉弗曲線（Laffer's Curve）在真實世界中並不適用。雖然美國法例有規定，若財赤增加，有一削減開支的機制會自動啟動，但很多開支是減不了的，最後財赤及欠債都會上升。美國的「負責任聯邦預算委員會」估計，未來幾年，美國政府的債務會因此而增加 2 萬億美元左右，美國政府目前對公眾的欠債是 15.3 萬億美元，對政府不同部門的內部欠債是 5.7 萬億，財赤對美國經濟不會有幫助，光是償還利息，便隨時每年耗掉美國 4% 的 GDP。這也是為甚麼特朗普

強要別的國家向他多交保護費。美國自己想擴軍，但卻要別人付錢，不會使世界及美國社會更和諧。

　　從上可見，中國的最好策略是強硬回擊，使美國人的痛浮現出來，特朗普失道寡助，持久戰中他會敗下陣來。

（原刊於 2018 年 7 月 13 日《晴報》）

# 1.6 貿易戰的勝負標準

中美貿易戰中，甚麼是輸甚麼是贏？應先訂定準則，否則雙方都各自宣稱勝利，便十分無聊。今次是美方主攻，中方是被動地捲入戰局，所以輸贏的標準首先要看美國能否達到其戰略目的及中方能否排除美方干擾，繼續按自己目標前進。

美國的目標是甚麼？兩個多月前中美談判後發表聯合聲明說貿易戰不打了，但隨後美方卻反悔還是要打，中國有過了這經歷，估計已不再相信美國的某些人，並認定他們的終極目標只是要美國永續霸權。

中國雖然對發展經濟、提高人民生活水平看成最高國策，無意浪費資源與美爭霸，但中國的迅猛發展使到美國有些人坐立不安，他們相信若現在不遏抑中國，將來恐怕要不情願地與俄羅斯合作才能多抵擋一會，「修昔底德陷阱」不易化解。雙方勝負的標準應是美國有無能力阻止到中國，無論在經濟或科技上都冒升到世界第一。

貿易戰不但要有目標，也有代價。代價來自它是雙面刃，扭曲了資源配置，傷到了對手時，自己也受傷。例如關稅不但減低了別國的生產，自己的消費者也要付出更高的價錢。設立關稅的國家隨時損失比對手更大，難怪美國有不少不認同特朗普的經濟

學家，認為中國根本不需回應美國的貿易戰，讓特朗普搬起石頭砸自己的腳便可。

## 美國貿赤愈多　實際利益愈大

小國若無貿易，後果嚴重，人民可能活不下去，但對大國而言，因國內不同地區可貿易，貿易戰帶來的破壞低很多。同行徐家健教授最近撰文引述美國學者的研究，估算美國若完全閉關鎖國，GDP 損失只是 8%，但中國閉關損失卻會高達 11.2%。若估算正確，我們可知貿易對這兩國的影響不是這麼大，且影響力相若。美國 GDP 是中國 1.5 倍左右，美國 GDP 8% 絕對值還稍大於中國 GDP 11.2% 的絕對值。

特朗普及香港某些評論人似乎認定，貿易中有盈餘者便是贏家，有赤字便是輸家，而中國對美貿易有 3 700 億美元盈餘，所以中國是討了美國便宜，一搞貿易戰，中國失去的出口額比美國輸華的出口額大，所以美國必勝。這是很膚淺的看法，是 18 世紀的經濟學。中國對美有盈餘，意味着中國輸出很多商品給美國，換回的是價值較低的商品，加上一些印鈔機印出來並無內在價值的紙張，中國把這些紙張當作儲備，美國便不用再生產有價值的商品以換回這些鈔票了，所以美國赤字愈大，愈顯出她佔了大便宜。不過，因為中國輸美產品中有超過三成的元件非中國所造及在服務業貿易中，美國對中國有巨大盈餘，所以總體貿易上中國對美的順差，應在 1 000 億美元以下，而不是 3 700 億，亦即美國討到的便宜只是前者，沒有後者這麼大。

我一向主張貿易戰需要反擊，但反擊的目的是要挑動貿易戰

者受到更大的懲罰，使其將來不敢再胡搞，但反擊一樣會自傷其身，所以要有節制，只要使對方討不了好，又感到痛便可，中國根本不用跟美國一起發癲或不斷加碼。

其實，就算中美兩敗俱傷，我相信中國人比美國人更能捱，因窮慣了；而且因為中國經濟增長比美國快得多，受損傷恢復能力定比美國好。在持久戰中這尤其重要。

## 靠禁售去遏制　難擋中國人韌性

貿易戰的一種形式不是抽對方關稅，而是不賣給對方一些重要或策略性產品。買不到想買的產品自然會有損失，但卻可化解。可化解多少要看產品的替代性。例如，不能在中國買到蘋果手機，可用華為、小米；買不到美國大豆可買巴西的，甚或俄羅斯的；這些雖比不上自由貿易，但替代性可大大減低貿易戰的損失。

如果外國扣着某些戰略性產品怎麼辦？其實中國過去一直都在壓力或劣境下生產高科技產品，例如超級電腦、送人上太空、核彈、火箭、電子支付等等都是在無援助及有壓力下發展出來的。我問過好些專家，有些芯片中國尚要長期投資才有足夠技術，有些可用還原工程重現別人的技術，有些產品中國有技術造，但自己產品與市場主導產品不相容，造也賣不出去；有些產品只要獲得知識產權便可放手去發展，例如中國的企業收購了芯片公司 ARM China 51% 的股權，當中便大大有利於中國掌握有用的知識產權。

美國若想靠禁售去遏制中國戰略性產品的發展，很可能會弄

巧反拙。既然是處於貿易戰狀態，中國大可不再付錢購買知識產權，用還原工程弄清產品如何生產，大幅增加投資發展科技，都可使中國科技發展更快。而中國工程師人數之多，震驚世界，中國有能力在不少科技領域超越美國。若然如此，勝負便分明了。

（原刊於 2018 年 7 月 27 日《晴報》）

# 1.7 大豆戰略

憑着我曾在美國十多年讀書及工作對美國的了解,我一直相信中美貿易戰很難避免,所以在兩個月前當中美發表了聯合聲明,貿易戰似是暫時不打的時候,我也大表疑惑,認為此事會有反覆,中國宜多作準備。

現時貿易戰的號角又再響起,幾年前早已提及「修昔底德陷阱」(即既有強國害怕新興國家挑戰她,所以想先下手為強)的習近平似乎已重新訂定政策,除非美國求和,否則對美國的要求不再理睬,中國在貿易戰中已進入積極備戰、調兵遣將的階段,對美國進口的大豆徵收關稅,只是貿易戰的前哨戰,當中包含多種四兩撥千斤的謀略,遠勝特朗普以 brute force(蠻力)為主,傷敵八百自損一千的策略。中國的大豆戰略值得仔細探究。

中國本來是大豆的老故鄉,此種植物能提供完備的胺基酸,因而能製造多種蛋白質的食物,十分罕有。中國在 1996 年每年進口的大豆只有 200 萬公噸左右,其他的自己種植,2000 年進口增至 1 042 萬公噸,但到了 2017 至 2018 年間,每年進口估計超過 9 500 萬公噸,自己則只種植 1 430 萬公噸。

中國為甚麼增加了這麼多的大豆進口?大豆雖然只是一種價廉的普通食品,但其實在經濟學意義上,它是一種「奢侈品」。

此名詞在經濟學上的界定標準是當收入上升一倍時，它的需求量會上升超過一倍。過去 20 年，中國人均收入持續上升，對肉類的需求增加更快，而大豆渣正是飼養禽畜的重要食物。美國及巴西土地肥沃，在種植大豆上比中國更有優勢，所以中國改為從美國與巴西進口十分合理。2016 年 9 月至 2017 年 8 月的大豆貿易季節，美國向華輸出了 3 615 萬公噸大豆，佔美國同期大豆出口的 62.2%，但巴西在 2017 年對華出口的大豆更多，是 5 093 萬公噸。

中國如何在大豆貿易中博弈？中國一宣佈向美國的大豆徵關稅，便意味着美國大豆的需求大降，最近大豆國際價錢大跌了近一成半，這影響的不光是美國輸華的大豆，還包括它輸出到別國及自己消費的大豆。中國本來從美國輸入大豆的數量只是 120 億美元左右（以近期的價格計算，下同），但關稅卻能壓低全部美國大豆的價格，美國大豆生產總值約 340 億美元，因整體價格下降，農民已損失了近 60 億美元，這已是借力打力的一部分。60 億在整體經濟上並不算大，但壓力集中在中西部的農民身上，而這些人曾投過票給特朗普，他們不滿，特朗普要承受的政治壓力便很大。

中國另一招是增加從其他國家的進口，尤其是開發俄羅斯的大豆貿易。本來俄羅斯生產的大豆不多，她既入口也出口大豆，2018 至 2019 年季節，估計只生產 387 萬公噸，但與幾年前生產只有幾十萬公噸相比，增幅凌厲。俄羅斯地方廣闊，過去為何不多出口大豆到中國？主要原因是她的遠東產豆地區缺乏運輸基建，但若中國大幅轉向俄羅斯購買，卻既可提供誘因加強中俄的

運輸建設，亦可爭取多一個盟友。

要備戰還要靠自己多生產。2017 年相對 2016 年中國已增產了 14.3% 的大豆，最近又再計劃把種大豆的土地增加超過 8% 至 85 000 平方公里。從這些步驟可見，中國在大豆貿易中準備充足，她早已計劃擺脫對美國的依賴，而且有板有眼的在進行。

（原刊於 2018 年 7 月 27 日《頭條日報》）

# 1.8 中國出口商品為美創職位

特朗普雖然不學無術，且性格充滿弱點，但他既然能夠得到很多美國人支持，那便反映他的路線能觸動到某些美國人的心靈深處。美國二次世界大戰後如日中天，最怕的是被別人超越，以及自己下一代的生活要走下坡。

剛好近 20 年來，美國的傳統製造業急速沒落，職位大幅流失，底特律若非有中國進口它的汽車，連苟延殘喘也做不到。此種現象近年已有很多人研究並有不少新發現，例如，我們已知道這與科技進步引致不少低技術工人被淘汰有關，此種說法雖然道出了事實，但不會打動人心，特朗普諉過於人，說中國搶走了美國人的職位，反而容易大受歡迎，這是人性弱點使然。

要說中國如此厲害，可把美國製造業打下馬來，起碼也要些表面證據才可撐下去。美國從窮國進口的商品佔總進口的比例，在 1991 年是 9%，到了 2007 年已增至 28%，而其中 89% 的增幅是來自中國的商品；在 1991 年美國人的總消費中只有 0.6% 用在中國商品之上，2007 年卻增至 4.6%。我到過一些美國的廉價百貨公司，內裏八九成的貨物也來自中國。這樣便可能造成入口競爭，美國一些工廠競爭不過來，倒閉了，工人也失業了。

這種說法有無根據？不能說沒有。2013 年有三位傑出經濟

學家，Autor、Dorn 及 Hanson 在權威刊物《美國經濟評論》發表了一篇論文，題目含有 China Syndrome 一詞，短短幾年內竟有超過 1 400 篇論文引用它，可見其影響之大。China Syndrome 語意相關，此詞是 1979 年珍芳達、積林蒙主演經典電影的名稱（港譯名：《危機》），話說美國有核電站出事故，核爆可能炸穿地心，從美國直達中國，出現超級災難。Autor 等人的論文卻是嚴謹的定量分析，論證了輸入充滿競爭力的中國貨物總體有利於美國經濟，但同時也會造成巨大衝擊，增加製造業的失業率，降低受影響勞工的薪酬，並且使更少的人願意出來工作。我懷疑特朗普的一些謀臣，多多少少也是受到這篇文章的結論所影響。

問題來了，既然貿易有利雙方經濟，怎麼美國似是在吃虧？貿易的好處，尤其是對就業的好處，究竟有甚麼地方得以體現？今年 8 月有幾位華裔的經濟學家王直、魏尚進、余心玎及祝坤福，寫了篇論文的討論稿，在美國「國家經濟研究局」（NBER）發表，正好部分回應了這問題。王與魏都是老朋友，按工作年分而言，魏 20 多年前在哈佛當教授時是 Autor 的老師之一，有他領軍，他們的發現應該信得過。

四位經濟學家指出，Autor 等人估算從中國入口商品對美國就業的影響時，少算了一項因素，即半製成品（intermediate goods）對美國生產及就業的正面作用。半製成品不是原材料，但卻是製造最終產品的必要投入，例如要造鋼釘便先要有鋼，鋼便是半製成品之一。要開餐館便要有廚具，後者也可視為半製成品。要搞金融便要電腦、手機，這些都是半製成品。

2014 年，美國從中國入口的商品中，八分三是半製成品，它

們價廉物美，大大減低了美國下游（down stream）生產（尤其是服務業）的成本，這便助長了這些企業擴充，使它們能僱用更多員工。

從 2000 至 2007 年，此種效應使美國下游生產中的職位每年額外增加 3.25%，在上游直接或間接與中國產品競爭的行業的確有敗下陣來，每年職位下降平均 1.98%，正反互相比較後，正大於負，購買中國商品沒有減少美國的職位，反而因此額外每年有 1.27% 的職位增長。此外，購買中國商品也因推高了美國的生產效率，而使美國實質薪酬每年平均被拉高 4.9%。特朗普對入口中國商品的負面看法是錯誤的。

（原刊於 2018 年 11 月 2 日《頭條日報》）

# 1.9 貿戰兩敗俱傷　不得不又暫停

　　習近平與特朗普在布宜諾斯艾利斯會議後，中美雙方各自發表聲明，貿易戰暫時停火。從兩份聲明的用詞看來，中美都認為這次會議成功和有積極意義，美方甚至大讚習近平為了人道主義，願意嚴懲把類鴉片藥物芬太尼（fentanyl）出口到美國的中國公司。這段說話有些使人意外，但美國的醫生近年過量使用類鴉片藥物，致使美國中年男性白人自殺率大增，已成美國社會大問題。停火當然比雙方惡鬥好，但若以為中美關係從此便變得十分和諧，便顯然是過分樂觀與天真了。未來 90 天的暫時停火期使雙方都可喘一口氣，我們也可利用此機會做一個階段性總結。

## 美國有一哥情意結

　　現在的流行詞語「修昔底德陷阱」其實很易理解。做慣霸主的人都不會喜歡有人從後追來超越自己，此乃人性，就算在學校內長期考第一的學霸若被同學超過，也會不開心。近 20 年前，中國尚未加入 WTO，我已多次撰文指出，一場賽車最危險的時間便是跑第一的見到第二的要扒頭，所以不斷使出危險動作阻止之。中國發展的迅速遠超美國的估計，不由他們不心慌。但使用戰爭去抑制對方卻是行不通，因為雙方經貿關係密切，互相依

存，打仗必然傷敵傷己。貿易及相互投資是最好的防止戰爭工具。「修昔底德陷阱」也可靠加強貿易去化解。

特朗普不斷聲稱要美國優先，這反映到美國人要做一哥的情意結，這種心態應是第二次世界大戰後美國做了霸主後慣出來的，在第一次大戰後情況並非如此，當時美國自動急着裁軍，致使軍力在二戰前大大落後於德國與日本。特朗普此人看事情很表面，他以為美國有龐大貿易赤字便是別人在討了美國的便宜，大失面子，與美國優先的理念不相容，所以他首先發難的便是貿易戰。

他選錯了戰場。美國有貿赤其實不是她吃虧，而是她賺了別人的，這與美元霸權有莫大關係。貿赤意味着她出口少於入口，美國人的消費大於她的生產，亦即美國人的生活質素高於她的經濟發展水平。她靠的是甚麼？是無本生利地印出一張張美元或債券換取別人的實物。美元與債券都是欠單，若別人信得過美國，這些欠單會被收藏起來作儲備永不使用，但若美元地位受質疑，這些美元便要用來換回美國貨物。一旦如此，美國人便不但不能消費大於生產，反而是生產出來的，要分出一部分償還別人。如此一來，美國的通脹會上升，美國人收入的購買力會下降，因為GDP 的一部分會跑到外國持有上述欠單的人處。特朗普不明此理，硬是要消滅貿赤，是不明白美國有美元霸權的特殊情況。

## 貿赤源自消費過度

特朗普也用錯了武器。用關稅等方法打貿易戰根本不會減少貿赤，從初級經濟學中我們已經得知，一個國家的貿赤等於其

儲蓄減去其投資，此乃千古不移的經濟規律。美國有貿赤只是因為美國人消費過度，不喜儲蓄而已，與關稅並無關係。但是若關稅造成了美國經濟衰退，美國人的消費倒是會降低，從而減低貿赤，不過，這倒不會是特朗普所想的。

　　特朗普另一錯是他不懂判斷形勢。在貿易戰初開時，他掛在口邊的說法是貿易戰美國會贏得輕鬆，香港的一些經濟外行人也以為因為中國出口到美國的量大於美國出口到中國的量，所以也錯誤地接納了特朗普的說法。但徵收關稅幾乎等同於向自己國民收取銷售稅，政府庫房收入增加了，但這些稅款卻是來自自己的人民，不是來自外國，有何勝利可言？貿易戰雖不會有贏家，但對於大國來說，貿易戰的傷害卻不會很大，因為她們資源多，容易改變生產方式及產品，而且國家內部不同地方都可互通有關。既然損失不大，交戰雙方都有韌力打持久戰，美國怎可能贏得輕鬆？近月的數據顯示，美國的損失可能比中國更大，例如美股下挫的百分比雖低於中國股票，但因美國股市總值 4、5 倍於中國，每下降 1% 的損失便等於中國的 4% 以上。

　　現在貿易的關稅戰暫停了，下一步怎麼樣？中國會支持購買石油改用歐元或人民幣結算，以削弱美元的霸權地位；美國則有可能阻止人民幣國際化的過程。至於科技上的競爭早已開始，中國肯定會大幅增加科研的投資。

（原刊於 2018 年 12 月 7 日《晴報》）

# 1.10 劉遵義的貿易戰新書

　　元旦過後，收到中大前校長劉遵義教授夫人麥嘉軒寄來劉
教授的新書《中美貿易戰與未來經濟關係》(*The China-US Trade
War and the Future Economic Relations*)，剛好要到杭州及南昌旅
遊，連忙在高鐵途中捧讀。書寫得淺白，避開了不少專業術語，
想來讀者對象是包括了中美政商界的不少持份者。顯而易見，此
書是至今為止有關中美貿易戰甚至科技戰最全面並及時的著作，
內地或香港的出版商若夠聰明，應即時把它譯為中文，自會一紙
風行。書中建基於大量數據的論點，對香港及美國一些胡說八道
的言論，也是一服很好的消毒劑。

## 中美貿易逆差被嚴重誇大

　　書中的亮點頗多，只舉幾例。今任的美國總統不知是否吃錯
了藥，對國際貿易的性質不但一無所知，還祭出了 18、19 紀的
錯誤理論——重商主義為指導思想，誤以為貿易有盈餘便是賺，
有逆差便是虧。有見及此，劉教授不得不把課本中的貿易導論用
最淺白的語言再解說一遍，並指出自由貿易可達至雙贏、貿易戰
沒有贏家此一定論。

　　但本書的目的當然不是光談理論。美國埋怨與中國貿易有逆

差，由來已久，多年前劉教授便曾與同行梳理過數據，指出美國的所謂逆差嚴重誇大，主要原因是中國輸美的產品中，內中包含了很多並非在中國生產的半製成品或原材料，例如蘋果手機的價值，只有 5% 左右是在中國生產，中國只是在組裝加工而已。既然如此，中美的出口，都應只計算在兩地生產時的附加增值，而不是最終產品的價值。在書中，劉教授更新了這些估算，並指出中國輸美產品中，每 100 元只有 66 元是真正在中國生產，美國輸華產品中，每 100 元則有 88.7 元是在美國生產。貿易數字經此調整後，較準確的商品貿易逆差是 1 850 億美元，而不是美國所說的 3 000 多億元，又因為在服務業貿易上美國對華有 740 億美元的順差，所以真正的中美貿易逆差只是 1 110 億美元。

消除這逆差，不見得對美國有利，但特朗普若要堅持，中國也可在毫髮無損的情況下輕易做到。中國汽車市場每年銷售量為 2 600 萬輛，多於美國的 1 600 萬輛，中國只要從美國每年進口 300 多萬輛車便可達標；若多買美國能源及農產品，對中國更是有利。中國顯然也樂意這樣做，所以貿赤根本是一個偽命題。

劉遵義大作中除了貿易問題外，亦對中國發展前景與科技問題有很好的分析。一國的發展階段，與其擁有的資本額有莫大關係，書中載有劉教授對美國及中國所積累到的有形資本之估算。眾所周知，美國人民儲蓄率低，所以資本積累緩慢，但其 200 多年來累積到的資本亦非同小可，書中估計美國 2017 年的有形資本是 28.1 萬億美元（以 2016 年價格計算，下同）。至於中國，儲蓄率高，但幾十年前中國還是一窮二白，無甚資本，書中對中國 2017 年有形資本的估量是 25.4 萬億美元，稍低於當年 GDP 的兩倍。以

此估量看來，中國資本總量超越美國已不需太長時間，不過，中國勞動人口遠多於美國，若按每一名勞動人口平均所擁有的有形資本而論，中國只有 32 000 美元，美國則有 175 000 美元，後者是前者的 5.5 倍。這意味着甚麼？資本與勞動力的比率愈高，愈有可能出現報酬遞減，亦即投資回報會較低。中國既然人均資本額遠低於美國，資本投資的回報率可望保持在高位，倘若生產效率能繼續保持不錯的進步，中國未來仍可有很高的經濟增長。

## 中國應慎選科技投資項目

生產效率如何才能不斷進步？重要的途徑之一是投資科技。書中估計，中國已積累到的研究發展資本大約有 1.14 萬億美元，低於日本的 1.34 萬億美元，美國的則高達 4.21 萬億美元。中國近年在科研上的投資增速遠高於美國，但若要追近美國，恐怕還要頗長的時間。不過，在個別的科技領域上超越美國，卻並非不可能。中國在選擇發展甚麼科技的問題上有後發優勢，在科技總資本額上不如別人，如何選出最具戰略性的科技投資項目，更形重要。

劉遵義在書最後提及自己生平：生於內地，長於香港，在美國讀書教學數十年，又回歸香港。在感情上他自然絕不想中美出現貿易戰，在理性分析下，他也指出兩國並非注定要成為敵國，戰略上兩國在競爭，但這並不排除中美可以是合作夥伴。我相信這也是最符合中美人民利益的出路。

（原刊於 2019 年 1 月 11 日《晴報》）

# 1.11 美國無法靠貿戰減貿赤

　　根據近日公佈的美國官方數據，2018 年美國雖大肆增加關稅，挑起了與中國及其他國家的貿易戰，但美國的貿赤卻是不減反加。在商品貿易上，2018 年美國的逆差是 8 913 億美元，比 2017 年增加了 10.3%；在服務業貿易上，美國素來有順差，所以在包括商品與服務業的總體貿易上，美國的逆差低一點，但也高達 6 210 億美元，比 2017 年上升了 12.5%。

　　這些「成績」，對特朗普而言，是很沒有面子的。大約一年前，他才說過，「貿易戰是好的，很易取勝」（Trade wars are good, and easy to win），他進行貿易戰的目的，是要消除逆差（雖然這不見得對美國有利，但這無疑是特朗普心中的意圖）。現在經過近一年的貿易戰大龍鳳，逆差沒有下降，反而上升了，這不是徹底的失敗是甚麼？香港某些報刊的評論人不懂經濟，但卻跟車太貼，一早便附和特朗普，現在情何以堪？

## 不削開支增欠債　壓低儲蓄

　　但此等結果，卻是稍有見識的經濟學家都一早可預料到的。在過去一年，我在不同報刊寫文章，多次指出，經濟學有一放諸四海而皆準的定律：貿易順差（或逆差）必然等於該國的總儲蓄

減去其總投資量，若儲蓄大於投資便是順差，反之則是逆差。由此可知，消除逆差的辦法是增加儲蓄（亦即減低消費）或減少投資，但 2017 年底開始，美國減稅（此亦為何去年頭 9 個月美股能上漲的主因），政府卻不減開支，欠債更多，這自然會進一步壓低儲蓄，美國貿易逆差上升，早已是可預見之事，增加關稅與否都改變不了這事實。美國經濟學界高手如雲，當然明白這道理，但特朗普卻無此智力聽懂他們的看法，終於現眼報。

美國貿易戰的主要對手是中國，特朗普也最想通過關稅戰來削減對華的貿赤，但 2018 年的數據也顯示，美國對華商品貿易的逆差，一樣也在上升，從 2017 年的 3 750 億美元增至 4 192 億美元。說特朗普在貿易戰必勝的人，是否應無地自容？不過，話說回來，經濟理論只可推斷去年美國總體逆差會擴大，但不能明確判斷美國與單一國家的貿赤會增加還是減少。現在美國對華貿易逆差更擴大，特朗普更無面子，但將來這現象未必持續，不可不知。如果美國經濟下滑，出現衰退，那麼美國的消費會下降，貿易逆差反而會減低。

經過近一年的貿易戰與各名家的實證檢驗，我們大致還可確定更多的事實，而這些事實，也是一年前已有論述過的，我自己也寫過同樣的論點。因為中美兩國都是大國，貿易戰對雙方都不利，但兩國的損失並不會太大。據經濟學網誌 *Slate* 的一篇報道，聯儲局及世界銀行各自的研究都說明美國有損失，世界銀行的報告估算出美國大約損失了 78 億美元，不算多，但也不可視而不見。我也曾寫過，估計中國的損失大約等於 GDP 的 0.1 至 0.2 個百分點左右，去年中國 GDP 增長率從 6.8% 降至 6.6%，與此大

致相符。也有人估計過，對鋼鐵的關稅使到美國鋼鐵業增加了 2 400 個職位，但創造每一個職位的成本，竟是使美國在其他地方損失 65 萬美元！

## 華經濟增長率高　較能忍痛

以貿易戰去削減貿赤現已證明是蠢招，美國的政客後知後覺，但在事實面前亦已改口說現在主打的是科技戰，其中一招便是繼續靠關稅等手段迫使中國在知識產權等問題上讓步，當然在華為一事上，美國也想壓迫其他國家不用中國的通訊設備。現在我們已可更清楚看到用增加關稅的辦法只是七傷拳，傷人也傷己，此類手段能有多少作用，要看誰的容忍痛苦能力強，但我們足可相信，中國經濟增長率遠超美國，忍痛力也比美國強，在貿易談判中，中國或許會與美國虛與委蛇，在小地方作點讓步，但美國要用貿易手段遏制中國科技的發展，不但難以成功，反而更可能促使中國加大研發的力度。長遠而言，5G 此等科技中國領先世界，可成為新的經濟增長動力，但美國竟無一間公司能攖其鋒，異數！

（原刊於 2019 年 3 月 15 日《晴報》）

# 1.12 中國應感謝特朗普

香港有不少反共反華人士，對特朗普發動的貿易戰不斷喝采打氣。美國的經濟學界也有一些人反共反華，但他們對特朗普貿易戰的評價卻是幾乎一致劣評，認為這些政策是搬起石頭砸自己的腳，而且美國可能會輸掉。

美國經濟學界人才濟濟，不論他們立場如何，其見識當然比香港一些跟車太貼的反共民粹分子來得高超。前者一眼看穿特朗普的不學無術，以及目標與政策錯亂。特朗普在理念上犯上兩個大錯。第一是誤以為貿易的成敗得失，在於是否有貿易盈餘，而不知貿易的主要作用，是容許不同國家按自身的比較優勢而分工，即集中生產自己最具優勢的產品，再倚靠貿易互通有無。這樣會使世界的總產量大增。不按照這模式只顧用關稅或其他方法搞保護主義的國家，都會使自己經濟陷入困境；反之，則可使國家興盛起來。第二，特朗普以為靠增加關稅便可減少美國的貿赤，殊不知貿赤的根源是美國人消費大於生產，以致要從外國淨進口商品以填補缺口，這與關稅多少無甚直接關係。2018年美國發動貿易戰後，美國的總體商品貿易赤字反而大增10.3%，美國對中國的商品貿赤更上升了11.8%，由此可知特朗普以增加關稅去減少貿赤的策略全面失敗！

在事實面前，今天特朗普較聰明的支持者已不太敢提特朗普的名言：「貿易戰是好的，很易取勝。」他們已靜悄悄地調整了目標，改為以關稅戰及其他手段脅迫中國聽從美國的指揮。其實整個策略頗為好笑，增加關稅是在搞保護主義，長遠而言會削弱美國經濟汰弱留強的能力，生產效率停滯不前，這等於美國要自插一刀，然後要中國聽其指令，否則它會再揮刀亂插。就算從短線角度看，美國胡亂揮刀雖也會傷及別的國家，但特朗普不斷說他靠增加關稅替美國賺了很多錢卻顯然是胡謅，最近有實證證明，這些關稅其實都是由美國的生產者及消費者承擔了。

美國自稱是不公平貿易的受害者（其實貿易規則很多便是美國自己制訂的），它也要求多多，例如不准中國補貼某些行業或國企，又不准搞「中國製造 2025」等產業政策，在外資直接投資上，不能再強制搞合資企業及技術轉移等，若中國不聽，美國便會增加關稅多插自己幾刀。

在政治層面上，中國不願聽從美國自殘的威脅，並作出適當的反擊，這是對的，但特朗普的某些要求雖然立心不良，卻其實對中國有利，有些則已過時。中國確存在一些行業及國企受到補貼的現象，此等補貼會降低相關產品的成本與價格，等於用中國納稅人的錢去補貼美國消費者，這對中國不利，對美國有利，但既然特朗普不懂得領情，並以自殘來表示反對，內地的改革派得他助攻，大可順水推舟，乘機廢掉部分補貼，這會改善中國的生產效率。

產業政策是否有效，從來爭議性甚高。得到補貼的行業很可能發展更快，但世上無免費午餐，其他行業的資源自會相應減

低。若被選中的行業真的潛力驚人，問題便不大。不過，真正的困難在於誰去作出這些選擇。舉個例子，以過去台灣產業政策的經驗看來，得到補貼的大多是紡織等夕陽行業，因這些行業歷史較長，政治影響力強大，新興的電子工業卻反而得不到政府多少扶助。現時特朗普以洪荒之力遏制中國高新科技的發展，卻反而使中國政府更義無反顧地投放更多資源在創新科技之上。未來中國高科技得以迅速發展，特朗普居功甚偉也！

　　特朗普政府很在意中國對知識產權的態度，但其實中國早已進入了極度重視知識產權的階段，每年付出購買專利的費用數以百億美元計算，而且中國創新日多，亦恐別人抄襲自己。美國在中國的投資額，現在已跌至中國每年總投資量的百分之零點零五，美國若用撤資去逼迫中國，也會毫無威脅力。美國打壓華為一事，已使世界知道華為的 5G 技術領先全球，美國無法望其項背。特朗普此招，對華為有重大的宣傳效益，怎能不謝特朗普？華為的聲名鵲起，也使它成為中國創新科技的榜樣及指路明燈，這些都是拜特朗普所賜，理應謝之！

（原刊於 2019 年 3 月 22 日《頭條日報》）

# 1.13 關稅戰與科技戰眾敗多傷

　　特朗普喜歡說貿易戰中國損失慘重，而美國則因可收到大量的關稅，十分歡快。中國官方及美國的經濟學家並不認同特朗普的論述，認為貿易戰兩敗俱傷，沒有贏家。究竟誰人正確，這是需要小心經濟分析的。

　　貿易戰的第一步是美國向中國的貨品加徵關稅。先說美國一方誰是贏家誰是輸家。關稅有如對中國來的商品收取銷售稅，產品價錢會提高，美國的消費者自然有所損失。零售商或入口商也會蒙受不利，因為他們不可避免地也要分擔部分的成本，以免商品因價格過高，賣不出去。我在一些美國全店物品只賣 99 仙的平價商店發現，這些商品幾乎全部來自中國，但在別的百貨公司，它們可賣到兩三元一件。這意味着這些商品的入口價一定低於 99 仙，否則上述的平價商店怎可能不關門大吉，但另外的百貨公司則是牟取暴利了。如果加了關稅，平價商店也許不能加價，關稅成本直接轉嫁到消費者身上，但對其他百貨公司而言，它們因為利潤空間很大，有可能會吸納了相當一部分關稅帶來的成本。總而言之，關稅會帶來消費者、零售商及入口商的「損失」，誰損失多一些，則每種產品都不一樣。

　　此外，我們也要注意，關稅扭曲了市場，消費者本來願意多

買一點的，現在也因價格被人為地逼升，消費量會減少，這便是資源配置失去效率的損失，也是整體社會的損失。

但若只算損失的部分也不對，美國政府不是從入口商處收到關稅嗎？它橫徵暴斂收了錢後也算是贏家了。特朗普是只算自己的關稅收入，不算人民的損失。有些人的錯誤算法則是不理會政府的收入，從而高估了美國的損失。正確的算法是消費者等人的損失加上社會資源配置效率的退步減去關稅的收入。

中國損失多少？關稅壓低了對中國商品的需求，出口總額下降，但用出口額去量度，則是誇大損失了，這是因為中國少生產一些，總成本也就下降。生產商及出口商利潤的下跌，加上市場被扭曲所帶來的效率下滑，便是中國的損失。若人民幣匯率下降，則等同中國以便宜一點的價錢賣貨給美國，自己分擔了多一點關稅帶來的成本。

至於兩國之間誰損失較大，卻是要看每一產品在絕對值上，中美雙方的損失都差不多，但因中國 GDP 較美國低，所以在 GDP 百分比上，中國損失的比例要高一些。

關稅戰也有另一效果，便是改變入口的來源地。對美國的消費者而言，有不少商品本來從中國進口最有利，但若有針對中國的關稅，美國的入口商便會被迫轉到低效的國家購買。到最後，結果只是美國人自討苦吃，本來可從中國這高效的地方平價買到商品，但卻改為到高價的地方去買。

貿易戰的第二個階段是科技戰，它的破壞力卻很可能比關稅戰大得多，甚至會改變全球發展的格局，但同樣是沒有贏家。

高科技行業有一特點，便是研發的成本很高，但到了有成果

出來後，生產的邊際成本往往很低。這意味着銷量對企業的利潤影響極大，銷量不足，便難以承擔天文數字的研發成本，企業就算不倒閉也要大減科研的投資。美國一些重要的晶片公司大部分市場便是大陸，中國或美國若不准它們進入中國市場，它們必會損失慘重。此種禁售或禁買，也一定對全球互相緊密依存的供應鏈造成難以評估的破壞。

本來在全球貿易中，大家都找到自己的比較優勢，各有自己的角色，也相信合作與共存，但特朗普的胡搞，卻對各國都響起警號，貿易夥伴不再可靠，自己不能不花費資源在每一項重要科技上都投資，重複開發別人已經開發的科技。這是很大的浪費，但卻不得不做。

長期而言，世界經濟會全面受到拖累，而且像中國此等科技大國，最終有能力在各領域製造一些優秀產品，搶走美國的市場份額。這結局的出現也只是早晚而已。美國發動的科技戰這招，對沒有實力的小國尚有可能成功，但面對中國，只是替自己的企業趕客而已。

（原刊於 2019 年 5 月 31 日《頭條日報》）

# 1.14 中美貿戰停火的成敗得失

中國與美國簽了首階段的貿易協議後，民間仍有些人在評論誰勝誰負。美國的主流經濟學界，倒是傾向於特朗普發動貿易戰一事無成，只是帶來美國的損失；中國官方的說法是貿易戰根本不會有贏家，且不時提醒國人要有過困難日子的心理準備。從預期管理的角度看，中國的做法實比特朗普胡亂吹噓、有苦自己知來得高明。中美之間的貿易戰及更廣義的金融戰、科技戰、地緣政治之爭等遠未結束，但既然首階段的協議已簽，特朗普又忙於去搞競選，我們也可作一個階段性的總結，看看兩國的得失。

## 美國經濟表現平庸

評估勝敗得失，要看用甚麼標準。發動貿易戰之初，特朗普的藉口是說美國的商品貿易赤字太大，與中國的貿赤尤其巨大（其實在服務業的貿易中，美國有盈餘），所以我們第一個標準是貿易戰對中美兩國的貿易赤字或盈餘有何影響。

2017 年美國商品貿易的總赤字是 7 934 億美元，2018 年貿戰開展後，貿赤未跌，反升了 10.26%，達 8 748 億。2019 年 12 月的數據還未公佈，但該年 1 至 11 月的貿赤與 2018 年首 11 個月相比，倒是輕微下降了 1.98%。這輕微的下降，十分正常，但與關

稅關係不大。初級經濟學告訴我們，當一個國家的總產量低於她的總消耗量（消費加投資），其差額便要靠從外國的淨進口補充，這便是貿赤。美國人是大花筒，先使未來錢，這是貿赤的根源，與關稅無關，要消減貿赤，一是要美國人儲蓄意願大增（此事沒有發生），二是經濟衰退或增長停滯，大家都不敢揮霍。美國 2019 年下半年經濟表現平庸，正是促使其貿赤輕微減少的主因。反觀 2018 年，其時美國經濟仍受惠於 2017 年底大幅減稅所帶來的刺激，增加了關稅也沒用，美國人照樣增加消費，貿赤也就大漲。

至於中國，在貿易戰場上則幾乎毫髮無損。2018 年中國的商品貿易盈餘是 3 509 億美元，2019 年則是 4 249 億，增加了 21.1%！與美國的貿易，2019 年盈餘是 2 958 億，比 2018 年減了 8.5%。這些數字來自中國官方統計，要注意中美雙方統計數字不同，因為運費保險等計算不同。中國的策略很簡單，時間在中國一方，美國的市場風險增加，便轉移重點發展其他市場，美國不肯賣高科技產品給中國，便自己大力投資高科技，據《紐約時報》的一篇報道，現在中國每年用於科技研發的經費，已達 4 400 億美元，高於歐洲各國的總和。

嚴格來說，用貿易赤字或盈餘變化來定輸贏，並不正確，上述有此討論只是因特朗普錯誤地用了這標準而已。美國擁有美元霸權，貿赤增大，多印鈔票購買外國貨便可。2019 年美國總體貿赤輕微下降，不見得美國消費者的福祉有何改進。貿易戰本身之能禍國殃民，在於它削弱了自由貿易能替人民帶來的好處。互相貿易互相倚靠，可促使各國生產自己最具比較優勢的產品，從而提高全球整體的生產力。互相倚賴還另有一好處，便是減低戰

爭的風險。貿易使各國唇齒相依，還打甚麼仗？

## 中國加大科研投資

特朗普發動貿易戰時顯然低估了現代貿易體系的複雜性，舉個例子，他要向鋼鐵徵收關稅，這不啻是替美國使用鋼鐵的工廠增加成本，例如汽車，甚至鐵釘成本都要增加，這便削弱了這些產品在世界市場的競爭力，得不償失。特朗普又限制高科技半導體產品輸出到中國，但他似乎忘記，對一些美國半導體巨企，她們一半的市場便是中國大陸，不賣給中國，自己吃西北風乎？

此種政策是搬起石頭砸自己的腳，它迫使中國更大力的投資在科技研發上，減少對美國的倚賴。這對中國短期不利，長遠有利，但對美國短期長期都不利。對中國短期不利是因為在不少項目上等於要中國「重新發明車輪」（reinvent the wheel），浪費資源。國際貿易是自力更生的對立面，從前中國大搞自力更生，經濟便不能發展得很好。改革開放後放棄了這政策，成績有目共睹，但今天國際環境變質，世界各國都要重新向自力更生靠攏。這對世界經濟為禍也甚大，但這總比被別人卡着脖子要好。長遠而言，大量的科研投入可創造出不少可被視作公共財產的產品，刺激多個新興行業的出現，例如中國的北斗定位系統是免費的，可與美國的 GPS 一較高下；電子交易的出現，也不知幫了多少千萬名企業家創業。科技戰一打下去，美國便是為自己製造了強悍的競爭者。

（原刊於 2020 年 1 月 24 日《晴報》）

# 1.15 特朗普慘敗對港的啟示

　　拜登已被確認當選，特朗普雖稱不會放棄，要繼續打官司，但看來他大勢已去。他留給拜登，以致整個美國的，是一個爛攤子，我們對他幾乎可蓋棺論定。他的失敗對香港有何啟示？

　　說美國有個爛攤子，一點也不為過。先說經濟部分，再說國際政治。

　　對港人而言，與特朗普最掛上關係的經濟政策是貿易戰，尤其是對華貿易戰。此戰結果如何？賀錦麗在選舉辯論中一語中的，直言此戰已失敗！我過去的一位老師，後來當過世界銀行副行長及國際貨幣基金第一副總裁的顧路格（Anne Krueger）教授近日撰文，亦指出以特朗普自己定下的貿易戰目標作為準則，他的失敗是徹底的。顧路格所言非虛，有數據為證。美國的一個智庫——彼得遜國際經濟研究所近日發表了一個研究報告，詳列出美國貿易戰的處處不達標，只舉數例。

　　計算至今年 9 月，美國輸出到中國的產品只達計劃中的 53%，比貿易戰前同比的量還低很多。特朗普最關注的大豆輸出，經季節性調整後，只達過去的 48%，中國早已轉向巴西及阿根廷入口。中國過去原本願意大量購買美國高科技產品，使美國這行業十分興旺，但特朗普自己便一手把這毀了。飛機本是美國

輸到中國的最大項目，但 2020 年只達到目標量的 18%。中國本來歡迎美國汽車，但貿易戰中，對美徵收了 25% 的汽車關稅，以致美國汽車輸到中國的量也少了三分一。美國對華出口大幅低於特朗普的目標，據智庫的分析，主要原因絕非疫情這麼簡單，事實上，中國從美國購買的產品是少了，但在有疫情的 2020 年，中國從世界其他地方的進口，卻是有增無減。

上述結果，對經濟學家來說，毫不意外。在貿易戰初期，我與不少同行都早已指出，用關稅作武器的貿易戰，根本不是解決美國貿赤的工具，美國人的揮霍，以致儲蓄量低於投資量，才是貿赤的主因。香港當時不少不懂經濟的評論人不懂也不信經濟規律，被政治立場衝昏了頭腦，今天是否在事實面前清醒了一點？我不知道。但美國不但沒有通過多儲蓄去減少貿易赤字，其政府還大幅增加開支，以致財赤攀升，這又替美國留下巨債，成為一個巨型計時炸彈。

在國際關係上，特朗普搞「美國優先」，正是得罪人多，稱呼人少，那來多少真正朋友？按他的如意算盤，美國若面對着整個世界，她很難取勝，但面對着個別的國家，卻可以大欺小，各自擊破，所以她推動單邊主義，打破美國昔日辛苦設計的多邊主義，一個個重要的國際組織，特朗普棄之如舊履，世衛、世貿、國際貨幣基金、聯合國、巴黎協議等等，他不是退出，便是態度消極，或乾脆打壓，這叫別國政府如何不滿！但更蠢的是，他要美國退出奧巴馬一早打造的 TPP（泛太平洋合作夥伴計劃），這便蝕了章給中國。TPP 本是自由貿易板塊，參加者互相讓利，眾皆歡喜，且不容中國參加，主要的事美國說了算，中國會受到一

些孤立。但美國的退出，卻使 TPP 的參與者寒了心，中國推動的 RCEP 今月中簽了約，中國、日本、南韓、東盟等都加入，連五眼聯盟中的澳洲、新西蘭也不顧美國這盟主而去，這是特朗普自討外交失敗。這個 RCEP 也是一個自由貿易板塊，會員國的人口佔了世界的三成，GDP 也佔了三成，高達 26 萬億美元，這已是全球最大的經濟板塊了。當中中國有參與設計，美國沒有。

特朗普為何一敗塗地？根本原因是他沒有能力審時度勢。美國軍事力量雖強大，但它的影響力並非無限。美國人口只佔世界人口的 4.25%，GDP 只佔世界總產值的 15.2%，以此比重，特朗普卻以為可把他的個人意志強加到整個世界上，誰都要聽他的，不自量力卻要當霸主，能不自討苦吃？美國本仍有另一絕招，便是自稱其制度優越，別國都應學她，豈料疫情一來，美國社會雖有最先進科學，卻完全無法應付。在選舉中，特朗普洋相百出，選後又不肯認輸，賴死不走，怎不叫人思索這個制度怎會弄出一個這麼不堪的人當上總統？中國人民在疫後快樂指數急升至 93（即 93% 的人感到快樂），哈佛的研究機構又發現，也是 93% 的人民十分滿意中央政府，中國的制度與美國不同，但對政府的認受性又遠高於美國這民主第一大國，特朗普難辭其咎。

我們若從這段歷史中吸取教訓，首應注意做事不能亂來，尤其是實力不夠時卻擺出唯我獨尊的態勢，是會死無葬身之地的。香港的一些年輕人也奇葩地成為特朗普的粉絲，對他的蠻不講理也照單全收，客觀事實則不懂，不想去掌握，也不理會，前些時還在宣揚「支爆論」及以為己方在立法會搗亂會全勝。今天中國已是第一個在疫情中復甦的大國，歐美卻仍在苦海中掙扎，反

對派對香港議會已暫告失去影響力。現實與預期落差這麼大，香港的年輕人實應重新思考，自己分析世界的方法是否完全走錯了路？

（原刊於 2020 年 11 月 27 日《頭條日報》）

# 第二章

# 經濟誰怕誰

# 2.1 中國經濟侵略美國？

　　幾天前，白宮的貿易與製造政策辦公室公佈了一份題為「中國的經濟侵略如何威脅美國與世界的科技與知識產權」(*How China's Economic Aggression Threatens the Technologies and Intellectual Property of the United States and the World*) 的文件，文中指摘中國近年經濟能迅速增長，主要原因是靠她所採用的經濟侵略措施，現時此政策已威脅到美國及世界的經濟云云。

　　此份報告可說是滿紙荒唐，主導文件的作者不可能是有分量的經濟學家（這一類人不是受不了特朗普的胡搞自己掛冠而去，便是早已被他炒掉，當然，也許有些人還是會漏夜趕科場），更似是法庭中本能地只懂諉過於人的律師。中國從處於經濟崩潰邊緣的 1976 年，倚靠改革開放及人民辛勤工作節衣縮食而使總體實質 GDP 上升了 30 多倍，豈可能有甚麼經濟侵略？況且在近代史中，除了歐美帝國主義列強，誰有實力去經濟侵略別人？賊喊捉賊的背後，顯然是美國一些極右分子的冷戰思維與抹黑策略。

## 美國科研靠華人撐起

　　文件共 36 頁，文中指中國也承認其「侵略」的方針，亦十分透明。文件又認為中國採用了 50 多招去貫徹她的侵略政策。在

一篇短文中，我不可能對這些指控一一駁斥，只舉幾個例子。

文件指控中國通過網絡入侵及逆向工程（Reverse Engineering），盜取了不少美國的科技情報。我不知中國的網絡力量是否強大至足以偷走美國的關鍵科技情報，但若說監視別人的一舉一動，斯諾登提供的證供早已告訴我們，美國才是此道中的佼佼者，她竊取別人的情報有如探囊取物，還有臉說中國？至於逆向工程，買回新產品後研究一下它是怎樣做出來的又有何出奇？

報告又指摘美國學術界天真，容納了大批中國的學生在大學及國家實驗室工作，以致這些人有能力學懂科技，並將其轉移到中國。美國學術界的確歡迎中國的留學生，美國大學中的大大小小實驗室中，等閒近半的研究工作由中國的學生或學者負責，美國人自己很多都只對當醫生或律師感興趣，科技研究需要有十年磨一劍的耐性，他們不願走此苦路。若無中國研究生或學者的辛勤貢獻，美國的科研體系就算不至於崩潰，其成績也必會大為失色。得到這些人的幫助後，還要暗指他們為間諜，這倒反而有利中國：若這一大批科技人才一起回國，中國的科技實力倒是會更快超越美國。特朗普的謀士竟是由一些笨人組成！

文件說中國常會通過抬高或控制稀土的價格，迫使別國在貿易問題上就範。中國的確擁有大量對高科技產品製造舉足輕重的稀土，但開採稀土對生態環境極大破壞，美國自己也有大量稀土，但自己卻不開採，反要中國不顧生態成本廉價輸出稀土，豈非是「己所不欲，必施於人」？

在不少工業產品的生產中，世界多個國家都會訂下一些標

準，歐美國家便往往通過這些標準逼別人跟從，並為自己產品製造壟斷力量。中國製造業已十分發達，一樣已開始了標準化，自訂標準，但這份報告卻只許州官放火，不准百姓點燈，指摘中國的標準跟「國際」的標準不同！

## 以市場換取技術轉移

文件作者最在意的，也許是中國若容許某些外國企業到中國設廠生產，往往會要求合資經營及技術或知識產權轉移。中國的做法其實符合世貿的規則，因為中國的要求只是在於中國學懂了別人的技術後，若自己再有創新，那麼創新部分的知識產權屬於中國。從更廣義的角度看，中國以市場換取技術轉移的政策也十分有理。新的知識本來可有益於人類，知道的人愈多愈好，不一定需要保護，但為甚麼現代社會會對知識產權提供某一程度（但不是無限量）的保護？原因是必須為創新者提供利益，使他們有足夠誘因繼續去創新。中國的做法是，你若肯轉移技術，我便肯給你市場，使你賺至笑逐顏開，這已是等於購買產權的方法，外國企業若肯答應（其實中國的「外資」主要來自香港，不是美國），必是算過有利可圖，否則不來便是，反正世界各地可投資的地方很多。這是互利的關係，白宮又如何能說這是經濟侵略！也許白宮用的是烏賊戰術，故意混淆視聽，以掩蓋其胡搞的意圖。

（原刊於 2018 年 6 月 29 日《晴報》）

# 2.2 地緣經濟　中美互撞

特朗普發動的貿易戰，雖然害人害己，仍應視作是美國地緣經濟（Geoeconomics）策略的一部分，更準確一點，是地緣經濟的一個錯誤運用。

甚麼是地緣經濟？兩年前有兩位國際關係的學者 Robert Blackwill 與 Jennifer Harris 出版了一本書 *War by Other Means*（譯作：《使用其他手段的戰爭》），把此名詞定義為「倚靠經濟工具去提升及捍衛國家利益，達成有益的地緣政治成果，並考慮到其他國家經濟活動對己的影響。」

## 美國三種手段攪局　從中獲利

世界上地緣經濟玩得最投入的當推美國。從前美國遵從「門羅主義」，閉關自守，但自二次大戰後，卻愛上了世界警察這一角色，當中也獲取到不少政經利益。美國的工具主要有三：一是每年花費 GDP 的 4 個百分點建設了超強的軍事力量，在世界多處駐軍，一不合意便對別國狂轟濫炸。二是利用特工組織，在不少地方煽動暴亂，以便把親美勢力推到台上。三是使用經濟手段以達成其政治目的。

第一種工具要付出財力及生命的巨大代價，效果也不盡如理

想，甚至會使美國泥足深陷，而且特朗普更對付出了巨大軍費而耿耿於懷。第二種工具成本低得多，但觀乎幾個顏色革命後，相關國家一片亂局，反而成為美國要宣傳的意識形態的反面教材。第三種工具，美國一直用得較純熟，當會繼續被重用，貿易戰就算失敗，也不會使到美國放棄地緣經濟的工具。

美國使用地緣經濟工具是多方面的，最重要的部分應是與石油有關的戰略。早在 70 年代美元不再行使金本位時，美國便說服了最大的石油輸出國沙地阿拉伯，買賣石油要以美元結算。如此一來，美元在國際上便有重大的基本需求，一張張從印鈔機印出來、沒有內在使用價值的紙張便有了強大的認受性，各國亦爭相用美元作儲備貨幣。這些國家如何得到美元作儲備？是靠輸出有價值的商品到美國，換取從印鈔機滾動出來的紙張，美國的外貿赤字愈大，愈顯示出她靠美元賺取到龐大的利益，只是特朗普不學無術，不明白此道理而已，明白此點的，則被他趕走或自行拂袖而去。

近年美國玩石油經濟又玩出新花樣。因為頁岩層提煉石油的技術有突破，美國對石油進口的倚靠日益減低。據官方統計，2008 年美國進口原油 3 419 億美元，2017 年已降至 1 326 億美元。反觀出口卻日見增長，2008 年美國出口的原油只有 10 億美元，到 2017 年已達 224 億美元，若加上其他石油產品，更高達 1 096 億美元。假以時日，美國成為石油的重要淨出口國並不為奇。在此態勢下，石油價格又可成為打擊對手的工具。俄羅斯是世界第二大的原油出口國，2017 年出口原油 933 億美元，石油價格下跌大大打擊俄羅斯的財政，美國減少入口，增加出口，

正可達到壓低油價的目的。但另一方面,美國購買石油的數量持續下降,但中國卻上升(去年入口原油 1 622 億美元),石油最大買家變成是中國,美元是否有能力充當石油結算單位,將來不免存疑。

## 複製中國經濟模式　影響漸增

中國也是地緣經濟的高手,中國經濟持續上升,其經濟影響力已日見巨大。在台灣問題上,承認台灣的國家已所餘無幾,當中原因恐怕與中國的經濟實力有莫大關係。中國與非洲的關係特別密切,不光是中國在不少非洲國家投資甚大有關,而且是因為很多國家過去以西方世界為師,但經濟卻跌入貧窮陷阱,老是翻不了身;近年學習珠三角模式,卻大有所成,埃塞俄比亞甚至成為世上對經濟前景最樂觀的國家之一。有朋友在非洲經商,也有朋友到非洲及中東旅遊,據他們告訴我,這些地方中國的影響力隨處可見。我相信「一帶一路」不單是由上而下的概念,而是建基於早已發生的現實情況之上。

中美之爭,發生軍事衝突的機會頗低,但地緣經濟互撞卻在所難免。

(原刊於 2018 年 9 月 21 日《晴報》)

# 2.3 中美經濟前景與林毅夫的賭注

　　今年 9 月，我的一位舊同事林毅夫教授，在首爾與一位世界知名、現在美國史丹福胡佛研究所的歷史學家弗格遜（Niall Ferguson）同台辯論中美的前景。弗格遜認為中國的經濟將來不可能超過美國，因為中國獨裁、美國民主。講着講着，林突然問弗是否真的相信自己所說，弗不甘示弱，連忙說相信，林便提出，既然如此，兩人不妨打賭。賭甚麼？是 20 年後中國的經濟會否超過美國。

## 歷史學家弗格遜退縮

　　最使人震驚的是賭注。毅夫提出賭 200 萬美元，弗格遜立時說他沒有這麼多錢，也沒有銀行肯借這麼多錢給他。他又表示不明白林作為一個教授為何有這麼多錢。這其實反映了弗對中國社會的無知。毅夫多年來都是極忙碌之人，不會有時間消費，所以儲蓄率很高，但經濟學家很多都懂投資，20 多年前已聽說他在北京投資房地產大有斬獲，以北京的大宅今天的價格，200 萬美元又何足道哉？弗格遜聽到賭注後心中發毛，要求降低賭注，最後雙方讓步，只賭 20 萬人民幣。其後我讀到弗在社交媒體表示，他們的賭注是 2 萬人民幣，剛好本週毅夫到港演說，我與陳家強

及鄭國漢都是對談嘉賓，我連忙問他這是怎麼回事，怎麼從 200 萬美元變成 2 萬人民幣，他告訴我是事後弗通過電郵減至此數，弗名重學林，不是笨蛋，看來是在退縮了。

這裏還要搞清一個問題，中國經濟超越美國的定義是甚麼？要知道，若按購買力平價（PPP）計算，即考慮到中國物價比美國低，同樣的 1 美元，在中國可買到更多的東西，中國的總體 GDP 在 2014 年左右已超過美國，但若按人均 GDP 來算，中國 20 年內則不可能高於美國。從弗格遜公開的說明可知，他們賭的是 2039 年，以匯率價計算，中國的總體 GDP 是否大於美國。

知道這定義便好辦，毅夫這賭注是必勝的。在 2018 年，中國的 GDP 以官方匯價計，是 13.41 萬億美元，美國則是 20.5 萬億美元，後者比前者多出 52.8%。中國的經濟平均年增長率只要比美國的高出 2.03%，到了 2039 年，按匯率計的中國 GDP 便會超過美國。

這個要求很低，多年來兩者的差別都遠超此數。更重要的是美國根本欠缺中國所擁有的幾個重要增長動力。近 7、8 年以來，中國經濟增長的動力超過七成來自她的高儲蓄高投資率，使到資本的累積很快。只要儲蓄率不持續急跌，經濟的中高增長已幾乎可保持。美國人儲蓄率極低，根本不能與中國相比，這便吃了大虧。中國近三成的增長來自她生產效率的進步，而推動此等進步的因素，中國依然強勁，例如人口城鎮化有利提高生產力，現時城填化的人口雖從 40 年前的不足兩成增至現時的近六成，但仍有很大空間可繼續增長下去。中國國內市場巨大，對發展大數據很有幫助，而且會帶來規模效應。中國人重視教育，每年畢

業的工程師比美國與歐洲的總和還多；對科研的投資，也在穩步上升，這些因素帶來的生產力的進步，也使美國十分擔心。

## 中國儲蓄投資率較高

至於哪種政治制度最能促進經濟增長，仍是學術界爭議不休的問題，定量的實證研究結果仍不足以替我們找到答案，而且就算有正或負的影響，其力度也不見得大於其他因素。據一些支持西方民主政制有利經濟增長論的研究，民主之所以被一些人認為有用，是因為它能引致較高的教育及科技的投資。但不論中國的政制被認為屬於甚麼性質，她在這方面的投資不斷上升而且比起西方國家更亮麗，那麼弗格遜認為中國 GDP 無法超越美國的觀點，便更顯得毫無根據。

中國人口 4 倍於美國，總體 GDP 高於美國，並不是很了不起的事。若用 PPP 來算，2017 年中國的 GDP 是 23.21 萬億美元，美國只是 19.49 萬億美元。其實中國到了 2039 年的目標，更應該是用 PPP 算出的 GDP，是美國的 2 倍以上。達到此目標後，中國的人均 GDP 仍只是美國的一半左右，但因收入不平衡，在沿海及重要城市加起來的 3 億多人口中，人均收入很可能已經與美國的人均收入相近。這等於中國國內會出現一個人數與人均收入都完全可比擬美國的人口羣，還另有 10 億人左右可生產與美國同等價值的 GDP，中美間經濟的勝負便更明顯了。怎樣才可在 2039 年達到這目標？我算過一下，中國平均每年的 GDP 增長率，要比美國高出 2.39% 才可以，做到此點，難度也不是很高吧！

諾貝爾經濟學獎得主伏格爾（Robert Fogel）在 2010 年曾經預言，中國的 GDP 到了 2040 年，用 PPP 來算，會是美國的 3 倍左右，而過去一段長時間，中美的實際表現，也是按他預測的軌迹前進。毅夫實不應答應弗格遜把賭注降至 2 萬人民幣。

（原刊於 2019 年 11 月 8 日《晴報》）

# 2.4 美國人才外流 中國人才回流

　　美國有一個很奇怪的政策，申請到美國留學的學生在領事館申請學生簽證時，若是被問到為何想到美國，就算是出於禮貌，說自己很仰慕美國，畢業後想留在那裏定居，那麼簽證幾乎必定被拒，我以前不少學生也中過招。不過，美國亦是一個移民國家，美國國力及科技水平之能維持，實又得功於她肯大量吸收新移民。

　　矽谷是美國創新科技最有活力的地方，這裏的科技研究人員（不計一般職員），泰半便是新移民或他們的第一代後裔。美國大學理工科的課室中，往往大半學生都是亞洲人，其他學生選科時一看到這麼多亞洲人，往往便立刻跑掉，因害怕競爭不過人，分數太低也。在八九十年前，麻省理工本來無甚名氣地位，只被看成是一登不上大雅之堂的工專，但校方有眼光，把在歐洲受到迫害的科學家大量吸納過來，終成就它的科技龍頭學府地位。

## 特朗普散佈排外情緒

　　但這些情況近年有變，引起了美國有識之士的憂慮。我以前有一位老師、但亦是朋友的國際貿易與金融專家顧路格（Anne Krueger），她當過幾所名校的大教授，當過世界銀行的副行長及

國際貨幣基金的第一副總裁，亦是香港科技大學的榮譽博士，近日她便撰文批評美國政府的政策導致了人才外流，大大不妙。

她指出，美國有大量世界第一流的大學，到美國留學的人是美國學生到別國留學的 3 倍，大學教育是美國重要的出口服務業，每年淨賺 340 億美元，是美國出口大豆、煤與天然氣價值的總和。美國理工科學生中，大半便是外國人，若無留學生到美國讀書，畢業後又留在那裏，美國必定出現科技人才的短缺。在 2016 年以前，到美國留學的人數每年都在上升（主要應得力於來自中國的留學生），但在 2016 年，人數卻下降了 3%，2017 年又下降 6.6%，2018 年估計再跌 7%。

為何會這樣？一方面是美國學費愈來愈貴，另一方面是美國有些人開始排外。人才本應是要大力吸引的，但特朗普政府卻反其道而行，不斷散佈疑外排外的情緒，而且收緊學生簽證。已來到美國讀書的各國尖子，也恐慌會否外遊時受到壓制回不了美國繼續學業。顧路格便直斥特朗普是把槍對準自己的腳發射。

美國是否自挖牆腳，我們或許留給美國有識之士去理會，顧路格說美國人才外流，用詞也許可以稍加修訂，美國只是暫時吸引人才的能力削弱，會否仍未到本土人才大量流走的地步？因為到美國留學最多的人來自中國，要回答這問題，我們不妨看看中國的數據。

## 中國市場吸引力大增

中國統計年鑑有出國留學及回流人士的數據。我分析這些數據有兩大結論。第一，現在每年出國的留學生仍在急速上升，

2017 年有 608 400 人，比起 2013 年的 399 600 人或 1985 年的不足 5 000 人真的升幅巨大。赴美的人數或許減少了，但中國出國留學的人只是移師往別的國家學習而已。

第二，為方便計算，我假設赴美留學平均約 4 年完成學業，要估算有多少比例的人完成學業後會回流，我們大可把某年回流的海歸人數與 4 年之前出國的人數比較，例如 2017 年有超過 48 萬人回流，但 4 年前的 2013 年卻只有 41.4 萬的人出國留學，這反映近年回流的人已多於出國的人。再細看數據，可知轉折點在 2010 年出現，那年回流 13.5 萬人，稍多於 2006 年出國的 13.4 萬人。在這年之前，出的人比回流的人要多，例如，在 80 年代，大約只有三成的人畢業後會回國。由此可知，中國已進入人才淨回流期，人才不是在外流，而是淨流入，正如台灣在 80 年代中期以後出現的情況一樣。

這對中國是好事，但既然這現象是在特朗普上台前已出現，人才淨回流的原因，應該是因中國經濟上升、市場吸引力大增所帶動，而特朗普的疑外政策，將來則或更加快留學生的回流，特朗普實在是幫了中國的大忙。

（原刊於 2019 年 2 月 22 日《晴報》）

# 2.5 中美經濟應否脫鈎？

近三四十年來，全球經濟一體化使世界更緊密地結合起來。但自美國對多國發動貿易戰開始，不少國家便對太過倚靠別國心生疑懼。

新冠疫情在歐美出現後，有些國家突然驚覺原來自己無法生產這麼多口罩與防疫物資，必須向中國購買，否則隨時屍橫遍野（這句並無誇張），中國的工業體制雖能迅速擴產，輸出了數以百億計的口罩及其他物資替多個國家解圍，但有些國家也難免要思量某些關鍵產品能否自力更生或分散物資來源地。此點美國可能感受最深，她要遏制中國的崛起，但又發覺自己也受制於中國的產品，惟有考慮經濟上能否與中國脫鈎，即減少對中國的倚賴。

## 各國分工　可增生產效率

自力更生還是大家互相依存？這是當世經濟決策者一個無可避免的問題。在中國建國初年，因受到外國封鎖，所以國策是自力更生，盡可能不受制於任何國家。政治上此政策有獨立自主的好處，但經濟上卻是大大的不妙。亞當・斯密（Adam Smith）在《原富論》中開宗明義便說明分工及貿易的重要，後來的經濟大師大衛・李嘉圖（David Ricardo）也證明了各國按其比較優勢分

工，再互通有無，可大大增加生產效率。

依稀記得馬雲說過，貿易可減低戰爭的風險。此說道理簡單，國與國間若互相倚賴，一打仗便兩者俱傷，仗如何打得起來？但這邏輯假設了各國政府都頗為理性，不會意氣用事，又或是沒有一些戰爭販子利益集團利用一些貿易爭端去推波助瀾，唯恐天下不亂。兩個有廣闊貿易關係的國家若進行冷戰或熱戰，其互相傷害之大，可能比沒有貿易關係的國家交戰更加嚴重。

中美之間的依存度是頗深的。你跑到美國的百貨公司去看看，大多普通家庭的消費品都來自中國。較少為人知的是藥物，美國八成以上的抗生素來自中國，美國消費者所用的藥物，九成都是廉價的仿製藥，若不是印度生產，便是中國生產。較高檔的科技產品，如蘋果手機，眾所周知，生產線主要設在中國。蘋果公司的 CEO 曾解釋，把生產遷回美國的困難，不是因為中國有廉價勞工，而是因為蘋果公司隨時可在中國僱用到足以站滿兩個足球場的工程師或技師，而在美國，兩個房間便夠容納。

美國中西部的農民，最重要的市場之一便是中國。當然，有了國際分工後，中國便沒有在晶片等高科技領域有足夠投資，因為以為有美國可倚靠也！一打貿易戰，美國的晶片市場大幅縮細，兩敗俱傷矣！

## 中美冷戰　情況異於美蘇

很多人都在問，中美會否冷戰？中國不斷在表達人類命運共同體這觀點，當然不想冷戰，但主攻的是美國，無可奈何只有抖擻精神應戰。要注意，若真的有冷戰，情況與當年美蘇之間的

冷戰會大不相同。美國與蘇聯之間經濟關係疏離，除了害怕核戰外，另一國家經濟崩潰了，對自己影響有限。但中美之間的經濟利益深度交纏，一個國家經濟有難，另一個也會大受損失。試想若中國的工業生產遇上困境，不能生產藥物及消費品，美國用慣了廉價商品的人民怎會不叫苦連天？

並非每任的美國總統都希望中美冷戰，歐盟諸國也對此種敵對關係大大的不以為然。奧巴馬年代，還曾表達希望中國負起更多的國際責任，而中國也的確有這樣做，例如對減低全球碳排放的《巴黎協議》便大力支持。不過，美國似乎葉公好龍，中國更深度融入全球的治理體系，更願意拿出資源幫助非洲國家的發展時，美國現屆政府卻反而害怕得很，不但無端指摘中國，甚至自己主動退出不少國際協議。美國社會正處於急變的年代，美國人民似乎失去了自信心，社會思潮變得飄忽。

景況如此，經濟全球化或許會稍有退潮，但各國利益攸關，國際分工不可能消失。但縱使是各國稍為各自走向自力更生，生產力的退化也可造成經濟的顯著衰退，這倒是我們要面對的現實。

（原刊於 2020 年 7 月 10 日《晴報》）

# 2.6 美國與中國脫鉤的損失

美國朝野太受「修昔底德陷阱」思維的困擾，心中知道一哥地位快將失去，情緒波動，中國就算努力用「人類命運共同體」的理念勸喻，恐怕也平伏不了美國人的心魔，中美關係未來十餘年會十分困難，這已是有識之士的普遍想法。

此境況與當年美蘇關係不同。美國與蘇聯經貿來往不多，中間似有一層鐵幕相隔，就算雙方如何衝突，兩國人民感受也不深。但中美關係不同，每年的貿易額 7、8 千億美元，這還未算及雙方的相互投資額，文化及學術交流和旅遊等。中美兩國綁在一起，一旦相鬥，比美蘇對立更加痛苦。這本來也有好處，貿易的其中一個優點便是使大家相互依靠，從而減少戰爭的風險，但現在美國老是不願放棄一哥寶座，為了減少己方痛苦，便不能不先考慮經濟能否與中國脫鉤？

這必須要進行仔細的定量評估，而不是靠主觀願望隨便亂說一通。脫鉤的受害者中，與華有貿易關係的商界及廣大的消費者都會首當其衝，但因消費者人數太多，組織鬆散，他們的聲音反而會遠不及商界，後者利益集中，損失巨大，有較強誘因喝止美國政客的胡搞。

美國有個組織「美國全國商會」（US Chamber of Commerce）

的「中國中心」，在 2019 年貿易戰仍戰火紛飛時便擔憂不已，找人為中美脫鈎的影響進行一詳細研究，今年初報告剛出版。這報告談不上是高深的學術研究，但總算為脫鈎會替美國帶來多大損失提供了一個相對可靠的分析。它不但對美國的總體損失有評估，對航空工業、半導體、化工、醫療器材等個別行業的損失也有詳盡分析。

損失有多大？這當然要看脫鈎的程度而言。假若只是對華出入口貨物都加上 25% 的關稅，而非完全脫鈎，直接損失已經非常巨大。美國每年的 GDP 會因此減少 1 900 億美元。中美經貿關係並非只是貿易，若美國在大陸的投資額因脫鈎而導致要把在華資產賣掉一半，每年的投資盈利便要減少 250 億美元。美國的服務出口也會減少，每年少掉 150 億至 300 億美元。

以上都是每年的損失，積累起來便很可觀。但要注意，有很多損失是難以量化的，所以沒有被包含在內。例如人才流動若受阻，美國科技界的創新活動及生產力進步都必受阻，源源供應的華裔科學家若不來美國或無心再留在美國，長遠的影響必定十分巨大。

有些損失一旦出現，便難以回頭。現代產業都講求生產供應鏈如何能發揮最大的效率，中國的供應鏈全球最完備，在生產時若認為美國的元件不可靠，轉而到別國購買，美國失去市場後便很難追回來。又美國若失去了中國市場，生產上的規模效應便會削弱，例如在半導體產品上，過半市場要靠中國，沒了來自中國的收入，科研基金便不足，技術進步不及他人，會直接影響美國的國力。

以上算及的都是商界利益。眾所周知，美國消費者能夠維持不錯的消費水平，相當程度地要倚靠中國貨品的低廉物價，脫鈎一旦出現，此情便不再，消費者生活維艱，政客的政治損失可大可小。有一點我們也應注意，美國連年貿易赤字及財政赤字，反映它的總消耗大於總生產，要靠其他國家用辛勤工作產出的商品換取美國用紙張印刷出的鈔票，才可維持這局面。若跟中國經濟脫了鈎，這麼有利的環境便會消失於無形。

美國國內當然也有人主張脫鈎，並認為此利大於弊，但正如上述的報告所言，此類所謂脫鈎帶來的利益，並沒有實際定量的分析作根據，充滿任意性。其實美國政府主要認為與中國經濟掛鈎會影響其國家安全，但我們不免要問，既然貿易使雙方相互依存，更無誘因攻擊對方，怎會反而損害國家安全？真正的理由恐怕是這樣，掛了鈎後美國若打擊中國，在經濟上便必會反噬，這大大的制約美國，使她不敢亂來。

美國本身並非沒有有識之士，很多人也明白，把資源多用在建設國家改善民生之上，遠勝在世界各國到處侵擾別人的生活，以至數以十萬計的他國人口死亡，難民無數。以當前美國情況看來，美國的政客仍未學懂與中國和平共處謀雙贏的智慧，如此搞下去，中美關係部分脫鈎，難以避免，但完全脫鈎則不能。美國連接種疫苗的注射器也有八成來自中國，一脫鈎便針也沒法打了，怎脫？

（原刊於 2021 年 3 月 26 日《頭條日報》）

# 2.7 中美經濟競賽的決勝因素

近年國際政經形勢頗見動盪，究其根源，最大的因素應是美國害怕中國的國力快將超越自己，故而忐忑不安。我們若細看國力的各種指標，不難發現兩國總體力量仍有頗大的差距，但中國在個別的指標上卻已超越或快將超越美國。

華為事件發生後，大量的資訊開始進入我們的視野，原來華為的通訊設備及 5G 都在世界領先，美國國內竟無一企業可攖其鋒。若用購買力平價計算，中國的 GDP 早已高出美國，中國 GDP 每年光是新增的部分，便比澳洲與新西蘭的總體 GDP 加起來更大。個別項目的超越不足夠把局勢穩定下來，要多種指標的超越或接近，「修昔底德陷阱」背後的力量才可化解掉。

## 值得中國參考的案例

中國若要真正崛起，美國並接受現實，我相信要有幾個條件：第一，中國總體 GDP 超過美國（用購買力平價計算，中國已做到）；第二，人均 GDP 接近美國，這還差很遠；第三，科技力量接近，個別項目超越；第四，國防力量差距不太大。

在歷史上，大國之間彎道超車的例子並不常見，不用搞出戰禍的尤其可貴，最新的參考案例已是百多年前美國如何超過了當

時最強大的英國。這個過程對中國很有參考作用，也可為中國增加一點政策的自信。

以總體 GDP 作比較，英國雖是 19 世紀最大的海權力量，GDP 卻早在 1872 年被美國超過。這部分得力於美國較高的增長速度，部分原因卻是美國人口多於英國。要到 1905 年，英國連人均 GDP 也輸了給美國，後者的優勢才很明顯。為甚麼在 19 世紀美國能超過英國？這倒不是一個容易回答的問題。

在 19 世紀中葉以前，英國是名副其實的霸主。美國雖地大物博，但西部荒蕪且缺水，英國本土面積雖小，但她有印度般面積巨大、人口眾多可供其剝削的殖民地。美國能夠吸引移民，這為她帶來巨大的活力，但當時移民到美國的，教育程度和技術能力普遍不高，美國相對於英國並無特別優勢。在 1861 至 1865 年，美國還打了場生靈塗炭、經濟損毀嚴重的內戰，元氣大傷。最能說明問題的是，1860 年以前，英美兩國的長期平均經濟增長率無甚差別。美國為何在 1872 年便突然能超越英國？

我的一位舊同事艾禮智（Isaac Ehrlich）與其他經濟學家去年發表了他們紀念貝卡爾（Gary Becker）逝世的論文，主旨正是要回答此問題。艾禮智與我都相信，經濟增長若能持續，幾乎必然與人力資本的積累或教育有關，人力資本（當中也包括企業精神）積累快，經濟增長便快；但更深一個層次的問題是，甚麼制度或政策能刺激到人力資本的投資？在 1862 年，美國的教育制度出現了一場影響深遠的巨變，國會議員莫里爾（Justin Morrill）第三次提出一項《土地出讓法》（Land Grant Act）的動議，終於在國會得到通過，並獲林肯總統簽署成法律。

在此法生效前，美國的大學，如哈佛（1636年創立）、耶魯（1701年）等都是私立學校，它們模仿英國的牛津（1096年）與劍橋（1209年），學費雖不算特別貴，但學生要負責一切生活所需，且要僱用一傭人打點一切，等閒家庭出身的，根本無資格入讀。

除了要有足夠財富外，宗教是另一限制。劍橋牛津要聖公會的成員才可入讀，美國著名的私校亦與一些神學組織有密切關係，校內最受重視的學院往往是其神學院。莫里爾的《土地出讓法》把高等教育大規模地普及化，英國的高等教育卻是依然故我，並無改革。

這法案容許每名眾議院或參議院議員都可獲得3萬英畝未經開墾的聯邦政府土地，條件是這些議員要賣出其土地，建立一個基金，並用以支付建設這《土地出讓法》大學所需的款項。聯邦政府當時剛經歷了內戰，國庫空虛，用可轉讓的土地換取用以建立大學的資金，效果立竿見影，從1862至1889年，共有45所新高等院校出現，今天吸納了美國大多數大學生、規模宏大、赫赫有名的州立大學，其歷史根源，正是這個《土地出讓法》。這些學校對美國的教育及科研一直都起着不可磨滅的作用。

《土地出讓法》導致了州立大學的出現，其意義便是把高等教育普及化，一般平民也有機會讀到大學。就算是香港赴美的留學生，很長時間以來，大多都是到這些學校就讀。在培訓學生的數量上，它們遠遠超過私立學校。當這些學校相繼成立並產出新一代擁有高知識的大學生後，美國經濟便如有了新的火車頭，把英國拋在後面。

如上文所說，在 19 世紀上半葉，英國 GDP 大於美國，雙方經濟增長的速度相差無幾，但從 1871 至 2012 年，美國實質經濟的平均年增長率是 3.31%，英國則只是 1.88%，差距明顯，在今天累積了百多年的總效果更使得英國與美國的國力處於不同的檔次。

當然我們也可質疑，美國一直吸納新移民，人口增加快，所以才使到她的經濟更能擴張。但就算是把人口因素扣掉，按照人均 GDP 的增長率計算，在這百多年中，美國年均增長率是 1.8%，英國只是 1.4%，難怪自從 1905 年美國人均收入超過英國後，兩者差距持續擴大。

肯細心思考的人可以發現上述說法仍有漏洞要填補，在 1862 年以後，會否有其他事情在發生，是這些另外的因素在推動經濟的增長，新的州立大學湧現對經濟無甚用處？這質疑合理，在 1862 年，雖然美國內戰正酣，但的確仍有一系列影響重大的法案相繼出爐。

## 州立大學的歷史根源

其中一條法案叫《家園條例》（Homestead Act；1862 年後仍有幾項相關增補），此條例及其後續，總共使到在 30 個州的農民從聯邦政府共分配到 2.7 億英畝的土地。獲得土地的條件十分簡單，只要是年滿 21 歲以上的美國人，從未武裝反對政府，在最多 160 英畝的土地上居住 5 年或以上並開墾過這塊地，便已足夠，但女人及華人移民都無此資格。

我問過一位中學同學，他的先祖 1849 年左右便從新會移民

到加州，但卻未能受惠，後來是美國的白人朋友用自己名義代他們取得土地，在 1950 年代才把土地交還給他們家族。《家園條例》按理應對美國的經濟增長起過作用。

另一同期的條例是《太平洋鐵路條例》（Pacific Railroad Act），一樣是 1862 年立法。美國聯邦政府當年財困，但有的是土地，為建設一條橫跨大部分美國長達 1912 英里的鐵路，聯邦政府把在 16 個州 1.75 億公頃的土地分給了鐵路公司，以作它們建設鐵路的經費。這條例也許有助美國的經濟增長。

最後一個重要的因素是，1865 至 1877 年正是美國內戰後大興土木的重建期，這也會對當時的 GDP 有所助益。

有了這些因素同時出現，並不等於經濟學家無法孤立出《土地出讓法》的影響力。要注意，重建期到 1877 年基本上已完成，但美國提高了的經濟增長率在其後幾十年仍方興未艾。根據 2006 年諾貝爾經濟獎得主費爾潑斯（Edmund Phelps）近年的研究顯示，19 世紀中至 1965 年是美國活力最勃發的時期，全要素生產力進步的速度比今天剛過去的 50 年要快上一倍。由此可見，內戰後的重建絕不足以解釋這麼長時期的經濟高速增長。

我們也要注意，《家園條例》與《太平洋鐵路條例》都只是在部分的州才適用，這便容許我們有一空間，把受到與沒有受到這些條例影響的州作一比較，從而估算出它們影響力有多大。艾禮智與他的同事便使用了複雜的計量經濟工具作出計算，確認了即使有這些混淆因素存在，仍可知道大量學生眾多的州立大學的湧現，一直都對美國經濟持續增長起着關鍵的作用。

## 大量投資教育與科研

正如上文提到，在經歷過 40 年開放改革後的今天，中國的經濟總產值若以購買力平價計算，已超越了美國，至少美國的中情局一直持這看法（中國政府倒是不承認此點），但中國若要真正崛起，卻應把重點放在人均產值是否能追近發達國家的水平，這就必然要滿足一個條件，中國人民的生產力及創新力尚要大幅提高，做到這點，大規模的人才培訓必不可缺。美國國力之所以能超越英國，其「秘密」也在於此。

中國在這方面有無勝出美國的機會？美國今天仍是擁有最多頂尖及一流高等學府的國家，中國在這方面仍望塵莫及。不過，中國近 20 年在高等教育的政策上卻有了重大的改變，效果與《土地出讓法》可能十分接近。 1997 年，中國每年大專院校的新生取錄共只約 95 萬人，到了 2017 年卻已猛增至 761.5 萬人，上升至近 8 倍！假以時日，這便必定使到中國人口中受過高等教育的比例大增。

在這方面，中國因人口眾多，尚有一重大的規模效應優勢。中國每年的大專畢業生人數已超越了美國與歐洲的總和，有了一個絕對人數這麼多的高質人口群，當中總會湧現一批具有企業精神或高度科技創新能力的人，他們在人口比例上或尚比不上歐美，但因人數的絕對值更大，在創業及創新科技上已可與歐美一爭長短，中國近年迅速的科企發展正好初步反映此點，將來效果更是明顯。

中國要做的，主要是更大量的投資在教育與科研並改進體制，集中改善質量而不只是重視數量。這或許尚需更多的政策與

制度支持。反觀美國，在 1862 年的《土地出讓法》出現後，尚有不少後續法例去鼓勵教育，中國也應多研究美國教育史與經濟的關係，汲取經驗。

（原刊於 2019 年 2 月 26 日《信報》）

# 2.8 美國能向中國索償嗎？

中國的疫情早已穩定下來，歐洲亦有緩和跡象，倒是科技與醫療最發達的美國仍處於水深火熱中，未來的總感染人數若破百萬，不會使人驚訝。這對特朗普的選情有頗大影響，民主黨也想抓住他失職無能的把柄，近日特朗普團隊在摸索了各種宣傳策略後，終於制定了集中火力向中國甩鍋的策略，特朗普本人、幕僚及美國不少媒體都千方百計推出要中國為疫情負責，並要索償的「理論」。這裏有兩個重要的問題：向中國索償是否合法合理？先不理是否可行，美國索償的真正目的何在？這些問題要從法律、經濟及政治三個角度分析才能得到合理答案。

國際法及美國自己的法律都有主權豁免法，即除了在一些特定條件下，私人及政府無權在本國的法庭控告其他政府。先作一個完全虛假的假設，美國指控中國有責任賠償的說法就算有理有據，中國肯定不會賠，那麼美國政府或某些個人或組織有無可能通過在美國法庭的訴訟，拿得到中國的賠償？要告得入，並且能合法奪取中國在美國的資產，才能使賠償得到貫徹。1976 年美國制定了「外國主權豁免法」，較為清楚地界定了在甚麼條件下，美國人可以在美國的法庭控告外國政府或要求其賠償，我們有必要弄清這些條件。

## 控外國政府須符恐襲條件

我不是法律專家，但對主權豁免法十多年前便產生興趣，並有跟進，這緣起於美國的一宗奇案。此案擾攘 20 年，2018 年 2 月才由美國最高法院結案。話說 1997 年耶路撒冷發生了一宗恐怖炸彈襲擊，美國認為伊朗在幕後指使，有 9 名受害者回到美國後在芝加哥的聯邦法院內控告伊朗政府，並要求她賠償近 4 億美元身體及精神損失費。2001 年受害者勝訴，到了 2003 年華盛頓的美國地區法院判決他們共應得到伊朗政府賠償 7 150 萬美元。

這裏有兩個問題。第一，為何主權豁免法不適用？這是因為該案涉及恐怖活動，而此正是此法不適用的主要條件，一旦伊朗政府被視為參與相關恐怖活動，美國法庭會受理。第二，誰會替這 7 150 萬美元埋單？伊朗政府對此當然嗤之以鼻，那麼受害者只能打伊朗在美資產的主意。

受害者的律師倒也有「創意」，他們明白美國與伊朗是敵國，伊朗政府在美也無甚資產，但律師們知道伊朗是文明古國，美國的博物館藏有不少古波斯的文物，於是忽發奇想，要將這些文物拿去拍賣以作賠款。此議一出，藏有古波斯文物的幾個博物館，包括哈佛大學、密歇根大學及波士頓藝術博物館紛紛表態，它們所藏的文物為它們所有，產權不屬於伊朗政府（它們從無解釋為何伊朗的國寶會在它們手上）。

有一個博物館是例外。芝加哥大學有一個研究中東文化的頂尖研究所，叫「東方研究所」，此所不但是博物館，也是研究中東的重鎮，我有一年住在芝加哥神學院的宿舍（該址現在已成為芝大經濟系辦公室所在地），我的房間離開上述研究所內藏的埃及

公主木乃伊不及 50 米，所以對這研究所情有獨鍾。在 1933 年，該所在古波斯的首都發掘出一批有 2 500 年歷史的楔形文字黏土片，近 5 萬片，其中記載了當時政府調配薏米、啤酒等物資去向的紀錄，是研究西方文明起源的無價之寶。

## 伊朗案例禁沒收文物產權

這批文物自 1937 年起伊朗政府便借給了芝大的專家翻譯及研究，在其後的 70 年，芝大亦已向伊朗歸還了其中的三分二，其餘的芝大也希望物歸原主，不作掠奪。上述的律師得悉此事後，大喜過望連忙向法庭申請禁制令，不准芝大退還黏土片，並要申請拍賣這些文物。芝大認為這些無價文物拍賣後會被分散，大損歷史研究，於是被捲入官司。

此案經歷一連串司法程序，2014 年 3 月一個聯邦地區法院認為伊朗政府並未有行使這批文物的產權，2016 年美國第七巡迴上訴庭同意不能用芝大的黏土片作賠償，2018 年 2 月美國最高法院終於判這些受害人敗訴，他們雖有權向伊朗索償，但無權任意指定用何種資產作賠償，而且豁免法中有指明涉及商業活動的資產才不受此法保護。

從上述打了近 20 年、從地區到最高法院的官司中，我們有兩個觀察，有助我們判斷美國能否向中國索償。第一，就算美國法庭願意錯誤地認為中國抗疫不力，連累美國，此事與恐怖主義無關，外國主權豁免法也可使此案成不了案，索償根本是打口水戰的空談。第二，就算美國法庭判了中國政府賠償，中國在美的外匯儲備因為不是商業資產，美國根據自己的法律也無權充公，

剩下來或許可勉強爭議的，只是國營企業在美的資產有無可能被美國奪取而已，中國的國企也許應搞清這問題。

我們再從經濟角度審視此問題。中國的美元資產主要有兩類，一是稍多於 1 萬億美元的美債；二是中國企業，尤其是國企在美國的投資。金融海嘯發生前，中國外匯儲備所含的美債比今天多，但隨後中國分散投資組合，美債比例減少，大約 10 年前，奧巴馬派遣了一位名叫 David Dollar 的經濟學家當密使長駐北京，但他的任務並不秘密，只是爭取中國繼續借錢給美國政府而已。由此可知，美國政府十分緊張自己能否借到外債。

## 充公中國美債恐得不償失

按照上述的法例，中國擁有的美債不是商業資產，美國政府根本無權奪取，但我們可先假設美國政府任意妄為，修改舊法，容許其行使海盜行為，把中國所持的美債賴掉便算。這點倒並非沒有先例，最近著名經濟學家薩克斯（Jeffrey Sachs）在梵蒂岡的經濟座談會中大動肝火，痛罵特朗普政府無法無天，原因是美國國務院警告伊拉克，若仍堅持要美軍撤離伊拉克的話，便要將其存放在紐約的外匯儲備充公。

但這行得通嗎？中國所持美債無名無姓，據台灣的傳媒分析，這些美債的託管者分散在世界各地，只要中國認為這些美債不安全，可輕易在金融市場賣掉，以其數量之巨，美國的金融市場不用吃驚風散才怪！況且世界各國一旦認為美債殊不可靠，美國隨時可賴債，誰敢再借錢給她？要知道，美國欠外國的總債項已超越 20 萬億美元，大約等於她一年的 GDP，而且看情況還會

繼續急增，外債已成美國經濟的生命線，美國政府只要流露出有沒收中國美債的意圖，就算技術上根本做不到，也會在金融市場掀起軒然大波，美國是吃不消的。坊間有些人恐怕美國有此霹靂手段，其實是外行人的過慮而已。

那麼，中國在美的投資會否被沒收？我們可用一種底線極端思維，即假設美國政府甚麼也做得出，當然實際上不見得如此。中美互相的直接投資都並不大，據國家統計局的數據，截至 2017 年為止，中國投資到美國累積總量約 674 億美元。我們也知，中國在美的投資多於美國在華的投資。我初步估計，中國在美投資的累積總量比美國在華投資的累積總量可能多 300 億至 400 億美元。

## 抹黑北京只為甩鍋爭連任

換言之，若美方竟然將中國在美的商業投資全都奪走，中國也可採取相同政策報復，那麼中國淨損失 300 億至 400 億美元，這只等於中國萬億美元美債的零頭，不及中國一天的 GDP。我不相信此事會發生，若美國為了如此小的數額而破壞自己的商譽，恐怕得不償失。

從上述的討論可知，美國要向中國索償，法律上基本不可行，經濟上只會為自己帶來更大損失，所以近日美國政客及媒體的宣傳炒作，只是自欺欺人的吹牛。但為甚麼他們仍樂此不疲？原因顯然是政治把戲。

在抗疫上，以美國本應有的醫學實力看來，其表現的差勁是使人失望的。特朗普的自吹自擂，反覆無常，我們已見怪不怪，但對正要競選的他來說，不找一個代罪羔羊轉移視線是不行的，

否則難以理順美國人的心理。第二次世界大戰結束以來，美國都是世界霸主，美國人心理上接受不了包括中國在內的幾個東亞國家地區，抗疫成績比美國好得太多。

美國疫情失控，每天大量的新個案及死亡數字都在侵蝕着特朗普選舉的勝算。更要命的是，科學家及醫學界並沒有對特朗普賣賬，特朗普不能不倚靠福奇（Anthony Fauci）去抗疫，但顯然此人認為特朗普經常胡說八道。世衛組織 2 月中有個到華調查的專家團，其中包括美國專家，回來後卻大讚中國抗疫工作卓越絕倫。國際頂尖醫學期刊《柳葉刀》不但主編讚揚中國，而且還刊登過由幾十名公共醫療專家發起的聯合聲明，支持中國醫療人員的努力，並用科學角度狠批各種陰謀論，包括美國宣傳機器所宣揚病毒是中國實驗室製造出來的胡言。美國最高級別的幾個學術機構，包括美國科學院、美國工程學院、美國醫學院等亦發信到白宮，要求與其他國家合作，矛頭直指特朗普的單邊主義。

在此種氛圍下，特朗普雖有其國家機器作後盾，但仍會焦頭爛額。其採取的甩鍋宣傳策略也不能說沒有功效，當專家團體讚賞中國時，最有效的應對便是抹黑對手的最強項。因此，雖然要別人負責及賠償的說法站不住腳，也要不斷否定中國抗疫的成績。此種抹黑當然也是很虛偽的。根據其邏輯，美國 2008 年造成金融海嘯，連累世界經濟至巨，美國為何不賠償世界各國？美國把中東弄致生靈塗炭，大量難民湧至歐洲，為何不賠償歐洲？10 年前在美國爆發的豬流感及每年的季節性流感死亡人數以數十萬甚至以百萬計算，為何美國不賠錢？無理索償的路走不遠。

（原刊於 2020 年 4 月 24 日《信報》）

# 第三章

# 陷於漩渦的香港

# 3.1 港元可成為美元的替代品

美國能稱霸世界，相當一部分原因是靠美元。美元是國際貿易中的交易媒介，亦是很多國家的儲備貨幣，這本也沒甚麼，但在華為事件中（或甚至是何志平事件），只要有人使用美元進行一些美國政府不喜歡的交易支付，理論上美國政府可按它自己的國內法律拉人封艇，就算交易不在美國進行也如是。

此事本來頗為荒謬，美元不是美國政府私產，而是屬於持有者。他們不會無緣無故地得到美元，一定是付出過商品或其他代價換回來的，美元產權已屬他們，在美國管轄區以外用美元交易，根本不應、也不用得到美國政府批准，美國政府若長臂管控，便是帝國主義的過分伸張（imperial overreach）了。話雖如此，美元霸權起碼還會有一二十年存在，它的話語權仍在，香港又是國際商貿及金融中心，國際交收繁多，如何才能避免掉進一些美元霸權弄出來的陷阱？

其中一種思維是減少使用美元作支付媒介，美國就算橫行霸道，總也不能把在別國使用別種貨幣作交易的人抓起來吧？甚麼貨幣能被當作美元的代替品？港元其實有不錯的條件。

## 港財政儲備充足　難被沽空

　　眾所周知，港元與美元匯率掛鈎，而且這個鈎是非常堅固的，持有港元等於持有美元，不用擔心匯率波動。這種特性對只信任美元的人十分重要。但理論上港元也可被沽空炒賣，此種風險有多大，卻要先看看數字了。2018 年 10 月，香港的鈔票共約 4 606 億港元，包括銀行存款在內的港元貨幣量 M3 共約 7.29 萬億。金管局直接用來支撐港元的貨幣基礎共 1.615 萬億港元（等於約 2 071 億美元），但其實香港理論上可用的外匯儲備還包括有 1.062 萬億港元的財政儲備及近 6 000 億的基金結餘，除非突然有等同 3.27 萬億港元的資金外流，港元都有力量守得住。在 1997 年的亞洲金融危機中，炒賣的資金不過四五十億港元，今天香港擁有的捍衛聯繫匯率的實力，與當年相比已是不可同日而語，就算有國家以傾國之力來沽空港元，也要付出高昂的代價。

　　另一項重要的條件是美元替代物的數量是否足夠？若是這種貨幣數量太少，根本不足以應付一些大額交易，那便不適合了。香港有港元存款與外幣存款，總數達 14.15 萬億港元，但我們只應計算港元 M3 的那部分。如上所述，港元 M3 共有 7.29 萬億，折合為約 9 346 億美元。這是巨大的數量，美國整個國家的貨幣量也只得 14.32 萬美元，香港彈丸之地所擁有的有雄厚外匯儲備作後盾的港元，竟達美國貨幣總量的 6.52%。港元的容量大得有條件作國際交易所用的貨幣。


## 匯率穩定　有時比人民幣具認受性

　　就以一個風險較高的交易作例子吧。假設伊朗要進口某些

東西，他們不能用美元，因這會對促進交易的銀行造成風險。若用港元交收，風險便降低。伊朗的港元從何而來？它賣石油到中國時一部分收入以港元交收便可。伊朗接受人民幣當然也可以，但港元的匯率穩定，有時比人民幣更有認受性。內地的港元從何而來？出口到港的商品便可換港幣。整個港元周轉的循環是完整的。

美國對此不見得高興，但港元的存在對美國也有好處，港元要用一部分美元作儲備，這些美元都是印出來的鈔票，港人付出了代價才能換來這些美元作儲備，港元愈多，美國通過印鈔權賺回來的好處（seignorage）便愈大。美國若要想方設法阻止港元使用的擴張，也要自己蒙受損失。

近期因華為事件而被討論到是否可與伊朗貿易的問題，其實聯合國早已不認同再對伊朗禁運，只是美國自己不肯遵守聯合國的決議而已，香港若非顧忌美國的惡霸行為，大可與伊朗大做生意，用港元交收更可使美國難以批評。將來類似的問題或許不是在伊朗發生，而是在別的國家。到時世界有多少國家肯聽從美國的指令十分難說，但美國對香港經濟利益的影響早已大不如前，美國對香港就算不高興，也不是甚麼大事了。

(原刊於 2018 年 12 月 21 日《晴報》)

# 3.2 美港政策法再無影響力

　　莫乃光、郭榮鏗及陳方安生應美國國家安全委員會之邀赴美「匯報」他們版本的香港情況，坊間猜測，這是美國有些政客要為取消或重訂「美國－香港政策法」（United States-Hong Kong Policy Act）作準備。

　　這幾年來，美國深受「修昔底德陷阱」的力量所影響，害怕失去一哥地位，圍堵中國、遏制中國的發展已日漸成形為國策，倘若美國政府在經過成本效益的分析後，認為打壓香港有利於這國策，他們不會給香港甚麼好果子吃，香港的法治、自由、人權等是否出問題，只能是藉口，不會左右到美國對其利益的考慮。其實美國的法治、自由、人權等狀況，在國際排名上甚至比不上香港，但這是無關宏旨的，只要找一些人唱衰香港便可。港人在中美角力中處於夾縫，避無可避，對美國的政策要有最壞的預想，才可作出最佳的應對。但話說回來，改動或中止上述的「政策法」是否對美國有利？恐又未必。

## 對港貨加關稅　損失僅幾億

　　這條法案在 1992 年出爐，主要內容是承認中英聯合聲明，視香港為與大陸不同的地區，承認香港的護照，也把香港當作獨

立關稅區。但是，如果美國政府認為香港「一國兩制」走了樣，總統有權中止此法。換言之，如果美國認為打壓香港有利遏制大陸，她便可通過取消此法來打擊香港，打擊的手段主要是不承認香港為獨立關稅區。

中央政府一直反對美國這條法案，認為這是美國在干預香港的事務。以中止一條中央政府反對的法案來遏制中國，邏輯上難以起到脅迫中國的作用。但從香港的角度看，撤去這條法案，又是否真的能使香港吃不消？取消香港獨立關稅區的地位可帶來兩大後果。

第一，香港出口到美國的貨品會被當作是大陸貨，有可能要加關稅。此事若在 1992 年立此法時出現，的確有些威脅力，那時香港本地產品出口到美國的總值是 646 億港元，佔當年 GDP 的 8.29%。但在 2017 年，香港與美國貿易已主要是轉口，自己產品出口到美國的，只得 34.7 億港元，佔當年 GDP 低至 0.13%，美國就算對港貨加關稅，香港的總體損失也不過是幾億港元而已，毫無威脅力！

第二，美國對香港及大陸一視同仁，某些與國防或敏感科技有關的產品以後禁止輸港。美國既然大有可能與中國展開科技戰，香港怎麼還可指望美國對港不加諸任何限制？有沒有「美港政策法」，都是如此，美國輸港的科技，高極有限。

由此可見，這條法案已無甚意義，成了美國的雞肋。美國立這條法的原意，也許是視它為懸在香港頭上的一把刀，香港若不順美國的旨意，刀便會掉下來，但若是真的撤銷了此法，便等於刀已經掉下，那麼威脅力也不再存在，美國反而變得被動，香港

政府更不用理會美國對港說三道四。若中美進一步鬧翻，魚死網破，中國還可順勢把美國在港的勢力連根拔起，不用再顧忌。

## 港外匯儲備豐　難衝擊聯匯

「美國－香港政策法」在今天的條件下已無多大意義，廢與不廢都不重要，但也許美國可用獨立關稅區以外的手段威脅香港，例如打擊香港的金融服務業。但這恐怕也只會是搬起石頭砸自己的腳，美國及其他西方國家一直希望中國能更開放金融市場，使她們能分一杯羹，這也是中美貿易談判重點之一。香港的金融服務業今天正是西方金融界進入中國市場的通道，摧毀了她，對西方國家無好處，而且美國不要香港的金融服務，不等於別人不要，美國就算積極遊說別國參與打擊，作用也不大。

打擊港元的聯繫匯率又如何？港元並非普通的法定貨幣，而是背後有美元儲備支持的貨幣。流通的鈔票有百分百的支持，香港總外匯儲備共 3.39 萬億，是總貨幣量 M3 的 46%，也是貨幣基礎的兩倍，美國如果不舉國用上洪荒之力，很難沖垮港元，而且港元與美元掛鈎及用美元作儲備，有利美國，若是胡搞一通，美國及世界都會有金融危機爆發，美國不敢這樣做。倘若真的做了，港元可能便與人民幣掛鈎，也沒有大礙。

（原刊於 2019 年 3 月 22 日《晴報》）

# 3.3 美國政府會否狙擊港元制度？

美國政府會否發動對港元的狙擊？要注意，我說的是美國政府，不是美國炒家；後者在 1997 至 1998 年間，早有參與狙擊港元，所以不存在他們會否狙擊港元的問題。

在特朗普政府以前，上述問題的答案顯然是否定的。港元使用貨幣局制度，港元與美元掛鈎，且用美元資產作為儲備，這對美國大大有利。2019 年 4 月，香港外匯儲備（包括貨幣基礎、政府的財政儲備等多個項目）總值 4 292 億美元，絕大部分都是美元資產，這意味着美國開動了印鈔機，便可換取到等值的香港資產或商品。假如攻擊港元，甚至把聯繫匯率弄垮，不但有損於美國在港無本生利得到的利益，亦對其他國家或地區應否用美元作儲備貨幣響起警號，搞得不好，還會衝擊到美元的霸權地位，甚至加快美國的衰落，華爾街的利益亦會因港元受到攻擊而受損。

## 博爾頓令特朗普更胡來

上述的成本效益邏輯並無錯誤，但以此分析特朗普政府的政策卻不一定準確。美國雖經濟人才濟濟，但決策層卻找不到像樣的經濟學家，更有甚者，幾位主腦都是好戰鷹派，有些人對大打

一場的亢奮可能完全掩蓋對自己利益是否受損的考慮。特朗普今年初致電卡特，表示十分擔憂中國會超越美國，我本懷疑這段新聞的真偽，但後來卡特現身說出，再無懷疑。

以特朗普輸不得的性格，若他認為攻擊港元，從而破壞香港經濟，可使中國經濟也有損失，我們怎敢肯定他不會做？副總統彭斯去年在赫德遜研究所的講話，充分反映出他蠻不講理的風格。國務卿蓬佩奧奔跑各國攻擊中國，能寄望他阻止特朗普嗎？國家安全顧問博爾頓有名言：「我們（美國）是大錘，他們（其他國家）都是釘子」，此人是自以為是的好戰分子，只會把特朗普推向更胡來的一方。

以過去兩年多特朗普政府的表現看來，其害己害人的政策層出不窮。對世界及中國的關稅戰打下來，不但破壞了全球的貿易體制，美國對華的貿赤，卻仍然從 2017 年的 3 756 億美元上升至 2018 年的 4 192 億美元，對世界的總體貿赤亦上升了 10.4%。不過，今年美國經濟放緩，消費受到影響，所以貿赤反而未必有去年這麼高的增長。在科技戰上，封殺華為卻阻止不了華為的發展，反而使中國更走上科技自立的道路，美國的芯片及不少高科技產品更失去了巨大的市場及營業額。

有上述的負面業績紀錄，我們便不能排除美國政府幹笨事的可能，但會否攻擊港元，仍要看看美國政府對港的政策有否改變。我相信改變已經開始。除了經濟金融利益外，過去美國政府一方面可利用香港這世界最大的情報中心收集情報，另一方面也曾希望利用香港影響大陸，使其往傾向美國的政制過渡。

但後面這目標已完全失敗，美國當會放棄，「修昔底德陷阱」

的壓力也因中國國力日強而增加。在此新形勢下，鷹派人士自然可能把打沉香港經濟看成是對付中國的一個選項。《孫子·九變篇》有云，「將有五危」，其中一危是「愛民，可煩也」。將軍愛民，易成弱點，敵人可通過不斷煩擾人民而找出破綻擊倒他。同理，中央政府希望香港繁榮安定，對方亦可通過破壞香港而起煩擾作用。不少評論人已發現，《逃犯條例》的發展，緊跟美式顏色革命的套路，已相當程度破壞香港的穩定，但我不認為這能使中國的國力受到根本性的影響，摧毀香港的金融業，並使影響擴散到大陸，倒是另一更有破壞性的招數。

這不見得是美國朝野的共識，但既然我們不能排除有人有此意圖，香港政府及中央政府倒是應沙盆推演，看看此事的可行性或非可行性，以及別人可如何操作。

## 香港經濟從前曾受炒家衝擊

在 1997 與 1998 年間，國際炒家已攻擊過港元，我們可把他們當年操作的過程稍為重溫。炒家要沽空港元，但卻並不會只沽空現貨港元。在概念上，要沽空港元，便先要借入港元，然後用這些港元買入美元（或其他貨幣）。下一步便是到處散播謠言，引起驚恐，使別人也大量拋售港元，假如港元因此而頂不住貶了值，那麼炒家便可用手上的美元以較低的價格買回港元還債，匯率的差價便成沽空利潤。不過，如果市場不信謠言，匯率不動如山，那麼炒家不但無利可圖，還要付上借入港元的利息。

亞洲金融風暴期間的炒家比上述的原始炒法更聰明，他們除了在現貨港元興風作浪外，還同時沽空遠期港元及股票。當

年貨幣局的具體制度操作與今天不同,炒家借回來的港元要兌成美元,最終要通過銀行向金管局兌換,而銀行的兌換能力因條例規定受制於各銀行在金管局所開戶口的結餘總額(aggregate balance),只要兌換的港幣金額大於結餘總額,兌不到錢,港幣的利息便會上升,超過美元的利息。

根據利率平價原理(interest rate parity),利率上升必會引致遠期港元的匯價下跌,股價也很可能同步下跌。當時銀行結餘總額一般只得二三十億港元。換言之,炒家只要借入了二三十億港元的數額再將其兌換美元,已足可推高利率,就算現貨港元匯率不變,遠期港元匯率及股價應聲下降後,他們便可圖利。這手法當年使到香港 4 次受炒家衝擊,經濟風雨飄搖。

今天制度已有不同,當年電子兌換上限受制於只有二三十億港元的結餘總額,但今天的條例容許上限擴至包括銀行體系結餘總額及外匯基金票據及債券(另現鈔兌換沒上限),以及負債證明書在內的所謂貨幣基礎。後者總值今年 4 月高達 1.63 萬億港元,炒家若要做到亞洲金融風暴期間利率上升的效果,起碼要拋售 1.12 萬億港元才行,這已是當年的 300 多倍了。一般炒家已無這能力。

## 炒家無力推倒港元

前幾個月有位叫巴斯(Kyle Bass,傳聞是特朗普前國師班農的朋友)的炒家「分析」說,港元的銀行系統結餘總額不停下跌,反映今天的港元匯價快將守不住,是沽空港元的好時機。陳家強教授在臉書嘲笑此人的無知,我在他的臉書回應說這位巴斯先

生若有修讀我的「香港經濟」一門課，當可少虧一點錢，陳欣然同意。

此人既不懂制度的操作，也不懂過去 10 年香港的貨幣史，但竟然有些無知小輩一唱一和跟着他去送死。2008 年 9 月的金融海嘯以後，大量的熱錢湧入香港，稍後的量化寬鬆更加劇了資金的流入。從 2008 年 8 月至 2018 年 3 月的高峰，貨幣基礎從 3 415 億增至 17 295 億，反映總共有 13 880 億的熱錢流入。這麼大筆錢的流入若不處理，會造成巨大的資產價格及物價的上升，香港會吃不消，而金管局也採取了一些洩洪的措施，盡量使貨幣量增幅減少，但貨幣量 M3 仍增加了 136%，對港經濟還是有不利影響。

美國去年進入加息期後，香港的這些熱錢流向高息處，但因為未流走的熱錢仍多，港息不用跟美息上漲，從去年 3 月至今年 5 月，總共流出了 1 053 億元，離過去流入的萬餘億仍遠，銀行的結餘總額也從高峰期的 1 797 億下降至 543 億。這本是好事，但炒家卻大驚小怪。現在美國又要減息，6 月份資金又再稍有流回香港。

從上所述，炒家幾乎無法推倒港元，他們沒有這實力，香港也有一些與民為敵的極端分子鼓吹拋售港元以增加政府管治的成本，這些人的心態恐怖，因假如港元竟然崩潰，最大的輸家正是港人自己。不過，外國的炒家及這些有扭曲心靈的港人經濟上根本無此實力。真的要徹底推倒港元，還要把香港的總外匯儲備而不光是貨幣基礎考慮在內，香港的總儲備有 4 292 億美元，即所有住戶平均要拋售近 130 萬港元現金才做得到。

美國政府若用洪荒之力去攻擊港元又如何？美國政府手上並無港元，若要成功沽空，便要借入以萬億計的港元，風險甚大。若有這麼大的借貸，香港早會知道，美國也要付出巨額利息，並且難以保密，所以美國政府應不會做此蠢事。但這並不意味着她不能採用非常規的極端手法。

　　我不知道她會選擇甚麼手段，但我們不妨假設她用極限施壓。舉個例子，而這亦的確只是一個假設性例子，美國既然可以凍結委內瑞拉在美國的資產，我們在分析上也不能排除她凍結香港在美儲備的可能性。很顯然地，這會對美國的美元霸權有重大負面影響，她若非發急，斷不會出此下策，但這並不表示香港不應防範。華為任正非使人欽佩之處是，他十多年前便作最壞打算，花巨資弄出一個又一個「備胎」，大大加強了華為的生命力。

## 「備胎」對香港美國同有好處

　　對美國可用甚麼方案及香港可如何應付，並不是適合在報刊上公開討論的議題，但中央及香港政府都應記住孫子所說「多算者勝」。從金融數據可見，雖然有《逃犯條例》等社會事件，美國政府尚未展開狙擊港元的行動。中央及香港政府彈藥也充足，並有時間研究各種「備胎」方案及它們如何操作。有了「備胎」，再加上衝擊港元是極耗彈藥的事，美國的鷹派見事不可為，便只能知難而退，這些「備胎」便不須使用，香港也便做到不戰而屈人之兵。

　　香港有「備胎」其實對香港與美國都有好處。美國政府內的鷹派推不動這些違背美國利益的方案，自己的經濟便不會受損。

是的，我們也應為美國經濟着想，在全球化互相依存的世界中，美國經濟不好我們都會有損失。

（原刊於 2019 年 6 月 29 日《信報》）

# 3.4 中美冷戰既濟未濟

中美兩國，其實已經處於冷戰的邊緣。

說有冷戰，是因為美國早已採取了一系列的攻勢。貿易戰中美方單方面要加關稅，在貿易談判過程中，美國不但咄咄逼人，而且在關稅上還要加碼。在科技戰線上，年前美國打擊中興我們記憶猶新，對華為這一私營公司，竟要用盡國家級的洪荒之力去威逼別國不得用華為的 5G。在美國境內，FBI 不斷騷擾華裔學者，甚至把他們都視為間諜，要美國的大學及研究機構防着他們，但這也引起反感，因美國的科研很倚賴華裔學者，且人才外流已經出現，美國的有識之士深以為憂。中國大力推動「一帶一路」，美國卻要唱對台戲，不但不派人參加中方舉辦的會議，還冷言冷語不理實際證據唱衰這計劃，說它只會把發展中國家推入債務陷阱。在軍事上，美艦常常進出南海此敏感水域，又向台灣出售武器。

## 中國將更主動開放

說冷戰只是在邊緣，因為中國顯然不想打。劉鶴赴美進行第 11 輪談判前，習近平還寫信給特朗普，信的內容似是勸特朗普和中國合作，共同搞好世界。就算在特朗普大加關稅後，中國

暫時也只選擇一些較溫和的反制措施；劉鶴訪美時，態度也溫文有禮，更似是照會一聲美國，中國在原則問題上不會讓步，便走了，局面仍算是鬥而不破。

世界局勢遭特朗普一輪胡搞，恐怕很多事已不能回復正常了。中國增長及科技發展速度遠高於美國，時間在中國一方，自然不想捲入冷戰，發急的倒是美國，她認為現在不採取攻勢將來便更無能為力了。有此態度上的大變，中國對美國的解讀恐怕要更新一下，不能天真爛漫。

未來中國會採取甚麼策略？與以前蘇美冷戰時不同，中國並無打算像蘇聯般垂下鐵幕，反而更主動的採取開放政策，簽署《巴黎氣候協議》（美國倒是不肯簽）、積極推動「一帶一路」、協助多國大搞基建、降低關稅等，都符合開放精神。經濟學家大都懂得，開放才能促進經濟發展；反觀美國，則只懂得加關稅，動不動又要制裁這國制裁那國，這都是在開歷史倒車。美國外貌看似強大，其實已失去了過往的從容自信，這對關心美國人利益的人，並非是好現象。但這也難怪，若用購買力平價計算，中國的GDP已等於美國加上日本的總和，十多年後，應會等於美國加上歐洲的總和，美國怎會不感到焦慮？

冷戰一旦真的出現，對香港有何影響？既然中國回應之道是對美國以外的國家更加開放，而香港是金融與信息的中心，亦是經濟自由度全球最高的地方，中央自然希望香港能繼續發揮開放作用，就算親美力量繼續在港活動，中央也大有可能隻眼開隻眼閉。不過，這總也會有個程度，假如中央認為此等力量過了底線，要把其連根拔起，不會是難事。由此觀之，在中美冷戰的環

境下，香港的反對派最須避免的便是搞分離活動，尤其是爭取或接受美國的支持搞分離活動。

## 港反對派恐成輸家

香港的反對派有一種奇怪的舉措，便是久不久便派人到美國唱衰香港，我相信這是犯了大忌的愚蠢行為，除了美國的反華分子外，誰都不會有好處，在冷戰時期，政治邏輯跟平時不再一樣，這可被理解為叛國行為。

正如上文所說，今天中美仍只是處於冷戰的邊緣，兩國尚未至完全劍拔弩張的地步，若中國無法勸服美國搞合作不搞鬥爭，冷戰真的出現，那麼第一批輸家恐怕便是香港反對派中那些不懂與美國劃清界線的人了。

（原刊於 2019 年 5 月 17 日《晴報》）

# 3.5 經濟制裁與移民英美

　　兩週前，人大常委公佈將會在《基本法》附件三中加入《港區國安法》，恒指應聲大跌 1 350 點。恒指的下跌，顯然反映着兩個因素，一是中美關係持續惡化，市場中充滿不確定性，而投資者是不喜歡不確定性的；二是不知美國政府會出甚麼招攻擊香港。

　　第一個因素會長期存在，大市也會受其困擾，但對我而言，第二個因素不難預估。因為欠了友刊稿債，我連夜翻查了數據，斷定美國對香港經濟根本沒有甚麼牌可打，文章並在美國出招前刊出。果然不出所料，美國的牌早已被人看透，對香港經濟有如搔癢，市場反應也敏捷，恒指連升多天，到本文執筆時，已基本上追回兩週前的損失。在投資上，我一向寧願秘技自珍，不喜歡冒充燈神教人何時買賣，因為說得對的，別人最多只會多謝兩聲，說得不對的，則可能怨你一世，但這趟若相信我分析及行動快捷的，過去一週應有斬獲，未來則不可知。

## 美撤資可拆港計時炸彈

　　美國出招前已盛傳會取消香港的獨立關稅區地位，我完全相信她會這樣做，但香港與美國的經濟關係和三四十年前相比，早

已變得疏離，每年本土出口到美國的商品，不到 5 億美元，如此小規模的輸出，關稅怎會對香港有影響？

香港是美國很想多加利用、以進入中國的金融中心，美國會否在香港撤資？也許一些小動作會出現，例如美國政府可勸喻基金經理減持港股，別人聽不聽是另一回事。若是有資金撤出，對香港是好事。2008 年 9 月金融海嘯以後，大量資金湧入香港，到上月底，11 年半以來，資金淨進入 1.35 萬億港元，金管局也知香港這彈丸之地根本承受不了這筆巨資，所以每流入 100 元，便透過外匯基金票據吸走 70 元，這就如有人把大筆款項存進銀行，而銀行知道這筆錢會被隨時提走，所以在銀行櫃枱中留下大筆現金可供提取。若有資金流走，就算多達 1.2 萬億港元，我算過一下，香港的銀行體制可輕易應付，不但不會出現 20 多年前亞洲金融風暴時被沽空 30 億港元便已遇到的困境，還可解除了一個資金過多的計時炸彈。至於聯繫匯率，美國也很難衝擊，而且此制度有利美國，不一定有利香港，美國政府不想見到的，倒是香港放棄港元與美元掛鈎，改與人民幣掛鈎。

美國與英國在《港區國安法》問題上立場接近，英國揚言會考慮讓香港持有 BNO 護照的人（1997 年前在香港出生的人），若到英國停留，限期可從 6 個月延至 12 個月，並且容許他們在此期間找工作，有工作的話，或可藉此申請永久居留。美國政府會否也這樣做？她含糊其詞，也許會有些微動作也說不定。

若英美政府肯真心實意的這樣做，我認為十分值得鼓勵。中央政府口頭上堅持反對一下無妨，但暗中應助其一把，當中好處甚多。

## 移民潮助留港人士上流

有些人在香港充滿怨氣，留此破壞多過建設，留他們作甚？30 多年前中英談判時，大量港人為求降低風險，移民到加拿大、澳洲等地，他們不少人賣掉香港的房子、辭掉工作，到了別國後，賣掉房子得到的大筆款項可支持其生活一段時間，但新的職位多半降了一級，比不上香港原有的職位。他們的離去，使到樓市突然多了新盤供應，樓價被遏抑了一段時間；其留下的職位空缺，也使到其他人更有升級的機會，加快了社會往上的流動性。

在外國生活，是一個巨大的愛國愛港培養器。很多人移民外國後，不管是因遭到歧視，或是看事物有了距離感，比前客觀，又或是鄉愁使然，很多人都會變得愛國愛港。1998 年期間，我在政府的就業專責小組當義工，當時的統計資料顯示，1997 年以後移民到外國的港人大量回歸，以致求職者大增，失業率也高企。這批回流港人成熟穩重，皆非麻煩製造者。

若真的有大批港人移民外國，我們可夾道歡送。香港的戾氣可立時大減（也許移民地的戾氣大升），按照 30 多年前的經驗，留港之人升職機會大增，哀嘆自己龍游淺水遭蝦戲的人數大幅收縮，樓價也下跌，很多人的氣也就順了，社會變得和諧。留港人才會否不足？這倒是過慮了。

香港每年大學畢業生萬餘人，內地本科加工專畢業每年 800 多萬人，人力隨時得以補充。況且香港未來所需的人才很多都會與人工智能、大數據、金融科技等有關，又要熟悉大灣區，舊有的人才很多會早晚被淘汰，在外國失業，較在香港失業，對香港的衝擊較低。

真正值得擔憂的，是英美政府說說便算，又或其經濟不景，港人根本在彼邦找不到工作。

（原刊於 2020 年 6 月 5 日《晴報》）

# 3.6 美國在港並無經濟牌可打

　　人大通過了要把「港版國安法」放入《基本法》附件三之中，香港政經局面豁然開朗，建制派彈冠相慶，反對派卻是哀鴻遍野。在電視所見，幾位反對派議員在消息傳出當晚一字排開回應傳媒，眼睛盡皆錯愕之色，他們顯然仍在夢想如何在港奪權，沒有料到局勢有此發展。

　　早在大半年前，我已聽過很多人在說，中央政府不可能容忍黑暴在港破壞社會安寧及以恐怖主義手段行分裂國家之實，問題只是在《基本法》的規範下它會採用哪一種手段而已，我對這類觀點深表同意，認為事乃必然。但為甚麼反對派卻對中央政府的反制毫無準備？這也許是他們的判斷力太受其主觀願望所蒙蔽，也許是他們見到中央出招狠準決絕而目瞪口呆。中央出招的主要對象恐怕是美國，最重要的是以最高的調子傳出訊息，唯恐各國政府及陸港人民有人不知，這架勢也讓人明顯知道，此事絕無討價還價的餘地。在博弈論中，這很接近一種所謂「鷹鴿博弈」，對方無論幹甚麼，己方也絕不會退讓，對手明乎此點，便只可放棄要己方作任何改變的幻想。

　　中國敢於跟美國叫板，顯然是經過詳盡的成本效益計算，知道在香港問題上，中國可以是鷹，美國只能是鴿。北京有兩種策

略應對香港亂局，第一種是走綏靖路線，但這早已被去年事件驗證為無效，香港會因此而陷入無止境的纏鬥中，香港可以發揮的各種經濟或科技功能就算不是蕩然無存，也是大打折扣，香港會變成一個廢港，成為中國的負資產。第二種策略是大刀闊斧作出法制上的改革，根除黑暴。從中聯辦人事變更可見，中國已選擇了第二種策略。

採取此策略可以重整香港，自然會有重大效益，但成本也會隨之而來，不可不先算於廟堂。如上所說，主要的對手是美國，其他國家自己也有國安法，不會為香港有此法例而有出格的反應。美國不可能因香港而出兵，香港是經濟城市，美國能做的也只能集中在經濟層面。中國需要評估美國有何反擊的餘地，這應包括貿易、撤資或資金外流、以及對港元制度的衝擊。美國去年訂定的「香港人權民主法案」要求國務卿蓬佩奧每年向國會提交有關香港的報告，美國一旦不滿，可取消香港獨立關稅區的地位並制裁某些香港官員。但「港版國安法」敢於在蓬佩奧遞交報告前夕提出，顯然是中國經過計算後，認為可以根本不用理會美國的法案。

美國在香港有很大利益，三四十年前，香港經濟非常倚賴美國，但今天形勢已變。香港是轉口港，有大量貨物從中國內地經香港轉到美國，但香港本土產品每年出口到美國總量已跌至 5 億美元左右，約等於香港 GDP 的 0.13%，這與 1983 年的 21.3% 不可同日而語。美國就算取消香港的獨立關稅區，對香港本土商品徵收高額關稅，對港只是搔癢而已。

在港美商品貿易上，美國根本做不了甚麼，但在服務業貿易

上，港美貿易的數額卻大得多。2017年香港對美輸出1 110億港元（約143億美元）的服務，這主要是香港提供的金融服務。但美國會不再購買香港的金融服務嗎？香港是進入中國的門戶，若美國打算在中國撤資，無論北京對港政策如何，美國也不用購買香港的金融產品，若美國要在中國繼續投資，香港金融服務便對美有價值，國安法有無生效對此也無影響。

美國會從香港撤資嗎？這有兩種可能，一是減少或撤走到港的直接投資（FDI），二是熱錢流出或賣掉在港的金融資產，這兩種途徑對香港都無甚影響。2017年，美國到港直接投資是120億港元，佔總體外來投資的1.39%，香港到美的直接投資是69億港元，佔香港在外地直接投資的1%。如此低的比重，又再顯示美國與港經濟關係疏離。要賣掉金融資產嗎？這點香港應十分歡迎，從金融海嘯的前夕2008年8月到今年5月底，香港的貨幣基礎共增加了1.36萬億港元，亦即有同樣數量的資金湧入了香港，這筆巨款對港壞處多於好處，可以構成巨大的通脹或資產上升壓力，若非金管局把其中的七成吸走送離香港，香港經濟一早便吃不消，現時就算流走1萬億以上，香港經濟也不會受破壞。

香港外匯基金的儲備2020年3月共達4 376億美元，當中有部分是貨幣基礎，要直接用來支撐港元，有部分是香港政府的財政儲備及其他資產，必要時一樣可用作捍衛聯繫匯率。香港有此等巨額儲備，舉目四顧，世上並無炒家有足夠實力使港元崩潰，除非是美國政府出手，例如說要充公港府擁有的美元債券。但這將是美國自殘的行為，瘋子才會做。因為賴賬會使到美國以後難以借入外債，而美國是要靠借債度日的；另外港元與美元掛

鈎，用美元作儲備貨幣，等於把歷年辛苦生產的商品送給美國以換取美國只要開動印鈔機便可提供的貨幣，美國佔了個大便宜，夢裏也會偷笑，怎會希望聯匯制崩潰？衝擊港元對美國而言，是下下之策。

不過，世事難料，執政的政客不一定實施最符合其本國利益的政策，香港持有這麼多美元資產，終究有政治風險，需要思考如何防範。

綜上所述，美國可打的香港經濟牌不多，中國自然會選擇強硬路線。

（原刊於 2020 年 6 月《亞洲週刊》）

# 3.7 美國對港無能為力

特朗普終於簽署了法案，宣稱美國會視香港為一個與內地其他城市無差別的城市。美國主觀上怎樣看待香港是她自己的事，在具體行動上，美國卻又拿不出甚麼有殺傷力而又不自損的制裁香港方案，徒使自己陷入困局。此種後果，其實一早已被熟悉港美關係的人看穿，只是白宮中人太高估自己實力，招致了尷尬局面。

港美關係的核心當然是中美關係。在過去幾年中，美國連連發動貿易戰、科技戰、新冠病毒甩鍋戰、宣傳戰，又派艦隻到南海耀武揚威，把香港也變作地緣政治經濟戰的工具。但到目前為止，美國完全討不了好，無法遏制中國的經濟增長，當美國仍陷入嚴重的負增長之時，中國第二季 GDP 比去年同期仍有 3.2% 的增長，進一步擴大了中美增長速度的差距。如此下去，正如不少評論人所言，在疫情過後，世界經濟恐怕要比之前更倚賴中國。

## 美國盟友虛與委蛇

美國現屆政府絕不想看到這局面，遏制中國的崛起已成其國策，她若有能力，香港會被其玩到盡，絕不會心慈手軟。中國似乎也充分明白美國的意圖，所以在香港問題上，會與美國針鋒相

對。在中美交鋒的過程中，西方國家的取態會起到一點作用，但若以為美國的盟國會無條件地站在美國一邊，卻是錯誤得很。這些國家無一不處於經濟大衰退甚或是蕭條的威脅當中，美國也是自顧不暇，在此等態勢中，她們最不想見到的便是經濟損失。西方國家過去 30 多年飽受經濟停滯及收入不均所困擾，而中國卻在 40 年內 GDP 實質增長超過 35 倍，整個世界既有的政經格局瀕臨大變，西方國家會不適應。這也同時提出一個意識形態上的問題，為何西方國家擁有自以為更優越的社會制度，竟表現得遠比被視為異類的中國更為差勁？西方國家對這不請自來的問題很不舒服，所以有些人對中國懷有敵意十分正常。

但意識形態在國際關係上很難抵銷得了實利的壓力，所以她們絕不想跟中國鬧翻。美國雖仍是頭號強國，但衰落的徵兆早現，諸多事情已力不從心，西方其他國家的最佳政策，便是對美國的壓力虛與委蛇，跟着美國大聲地譴責中國，包括其對香港的政策，但主要還是說說而已，行動則缺遺。是否如此，多等幾個月便知。

美國也是有苦自己知。從她過去在多國發動的顏色革命可知，這些國家早已變成爛攤子，戰禍連年，民不聊生，但美國拍拍雙手便可離去，不會負起任何責任補償別人的損失，所以我們不能假設她對香港的黑暴分子特別親厚。若美國真的有傷害到香港而又不自損的制裁，她不會手軟，問題是，她真的有此能力嗎？這涉及她有無可行的方法及制裁是否只會傷敵八百自損一千？

我過去已在不同地方指出過，對香港增加關稅並無殺傷力，

香港每年輸美的本地產品不足 5 億美元，就算對此增加重稅，對港經濟只是搔癢。有段時間說要摧毀港元與美元掛鈎的聯繫匯率，我自己分析及與不少同行討論過後，幾乎一致認同美國根本無能為力。

## 港反對派所託非人

在現有機制下，有人若拿美元或其他外幣到港投資，便須把美元或外幣最終交到金管局換成港幣，美國無權阻止金管局通過銀行用港元買入美元。倒過頭來，外資若有港元要兌回美元，美國亦無法阻止。只要在港可找到有價值的投資，自會有資金流入，香港的外匯儲備充盈，其外幣資金池遠大於資金循環周轉所需。若美國要沽空港元，她本身並無港元可沽，必需要付利息借入有限的港元才可行動，除了在十多年前量化寬鬆政策期間有大量熱錢湧入香港外，香港的資金已多來自內地，不受美國控制。在此種種制約下，美國如何能衝擊到聯繫匯率？況且若如此做，對美元霸權的地位也是一種打擊，美國不會如此蠢笨。至於坊間談過的其他經濟制裁方法，一樣經不起分析，很易便走入死胡同，不贅。

在失業率高企、百業停頓，新冠疫情又每天加劇期間，美國經濟已受重創，除了打口水戰外，美國實無能力幹出甚麼事。中國儲蓄率奇高，每年新增的資本量，超過美國加上歐洲的總和，而美國生產力受制，卻乞靈於開動印鈔機製造虛火。誰可主導經濟戰，豈不一目了然？

美國總統大選在即，特朗普選情岌岌可危，聲色俱厲地打香

港牌，可權充是競選工具，但香港的反對派若以此為救命草，則恐會大失所望。

（原刊於 2020 年 7 月 17 日《晴報》）

# 3.8 美國「制裁」得了香港嗎？

　　立了香港國安法後，美國不斷地在考量制裁香港或內地的方法。國安法只是「制裁」的藉口，整個問題的核心是中美關係的惡化，對於事態如何發展及「制裁」如何應對，我們研判時應記着《孫子兵法・始計篇》所提醒的：「多算勝，少算不勝。」宜先了解大勢及中美兩國實力對比的變化。諾貝爾經濟學獎得主斯蒂格利茨（Joseph Stiglitz）曾說過：「美國要做世界的第一，但中國不想做第一。」此說正確，美國當了「世界一哥」這麼久，難以接受失去此地位及由此而帶來的一些經濟損失。中國韜光養晦多年，集中精力搞發展，絕無興趣當「世界警察」或到處煽動「顏色革命」，但樹欲靜而風不息，中國在科技及經濟上的某些成就已超越美國，而且勢頭依然強勁。房中的大象想要自謙為小鼠也無人相信，美國心生恐懼，要先下手為強，就算中國費盡唇舌解說自己並無爭霸之意，美國也不會相信，但美國的杯弓蛇影，會促使中國對美防範，最後，美國的猜疑有可能變成自我應驗的預言，無端替自己製造了中國這一個強大的敵人。這是歷史的悲劇。

## 「制裁」是國力的對決

　　「制裁」是否有效，很大程度上要看兩國的綜合國力對比。

若美國比中國強大很多,「制裁」的殺傷力會頗大。2012 年美國要求設在比利時的環球銀行金融電信協會(Society for Worldwide Interbank Financial Telecommunication,簡稱 SWIFT)踢走伊朗的銀行,最初 SWIFT 不答應,但美國威脅連 SWIFT 也要制裁,後者唯有屈服。但在 2014 年英國要求踢走俄羅斯,以報復後者在烏克蘭的活動,SWIFT 便一口拒絕,此乃國力有別也。

我們可把中美兩國的經濟狀況作一比較。今年第一季疫情對美國尚未有重大影響時,她的 GDP 年度化季度增長率已是負 5%,現在更是疫情失控,2020 年全年實質增長是負數幾可肯定。[1]至於中國,今年第一季 GDP 比去年同期負增長 6.8%,第二季正增長 3.2%,疫情受控,全年可望正增長 1.5% 以上[2],視市場匯價,中國 GDP 大約有 14.5 萬億美元,即中國 GDP 逼近美國 GDP 的 73%。以上是按市場匯價計算,若是考慮到中國物價比美國低,用購買力平價計算,中國 GDP 早已在 2014 年超越美國。

所以在經濟總量上,美國已討不了好,尤其是美國經濟正處於衰退及高失業期間,疫情高危時仍強要人民重啟經濟及乞靈於開動印鈔機製造泡沫,在此態勢下搞損人害己的「制裁」,首先要考慮自己有無足夠的承受力。

對美國更為頭痛的問題是她近月正在狂印鈔票。美國多年以來政府都入不敷支,財政赤字累積起來便成公債。1980 年美國政府欠債佔 GDP 只是 34.62%,到了 2000 年上升至 57.13%。奧

---

1  2020 年美國最終 GDP 負增長 3.5%。

2  2020 年中國最終 GDP 正增長 2.3%。

巴馬並無為美債減壓，每年公債平均上升 1.16 萬億美元，他在任的 8 年，使美債總量翻了一番。特朗普上台時債務增加速度稍慢於奧巴馬年代，但到了今年，他面對疫情，又要刺激經濟以利競選連任，一發狠幾個月內便多借了近 4 萬億元，今天的欠債已超過 26.5 萬億，大約等於今年 GDP 的 133%，亦等於每一名納稅人（不是人口）平均欠債 21.3 萬美元。更為恐怖的是，在疫情前美國聯邦政府估計今年收入 3.7 萬億，開支最終可能超過 7 萬億，政府是典型的要借債度日了。誰肯借給她？中國、日本等國買下了她的一部分債券，另一部分卻是靠美國人買入。再不夠便是靠聯儲局印鈔票去買債。在全球經濟衰退下，外國政府及美國人民的財力都大減，美國政府主要倚靠的便只能是印鈔票，這倒是飲鴆止渴了。反觀中國，每年因高儲蓄而新增的資本比美國加上歐洲的還要多，中國多資金，美國卻是捉襟見肘，陷於財困的國家去「制裁」資金充裕的國家，殺傷力有限得很。

## 打擊「聯匯」自找苦吃

話雖如此，特朗普還是要搞些東西出來。美國自己出了貧富不均、經濟停滯等問題，貿易戰、科技戰等成效不彰，搞來搞去，今年中美經濟增長率的差距又再擴大[3]，中國又把美國拋在後面，特朗普緊張選舉，不大肆甩鍋抹黑中國，便更難以在選舉中取勝。疫情控制失敗，轉移視線甩鍋中國已沒有這麼容易，用香港國安法借題發揮，便成為新的競選策略。不過，在「制裁」上，

---

3 中國比美國高出 5.8%。

美國並無多少選項可用。

　　取消香港的特殊地位？香港基本上不向美國貨徵收關稅，現在美國倒要向香港貨加稅，但香港早已不是工業城市，每年出口到美國的香港製造貨物不足 5 億美元，這麼小的量，美國加稅對港也不會有實質影響。

　　打擊聯繫匯率？一種方法是沽空港元，但這需要大量港元持有者賣出港元。美國政府沒有多少港元，如何沽空得了？個別炒家完全不夠實力達此目標，必需要港人自己大舉拋售港元才有望成功。但香港擁有 4 400 億美元的外匯儲備，而且擁有 3 萬多億美元儲備的人民銀行必會支持港元，最後可肯定是一分錢也不需要中央付出，拋售潮便會無疾而終。更重要的是，美國國力的支柱之一是美元霸權，美國只要開動印鈔機，便可換取到別國有價值的商品與服務，但這需要有足夠多的地方肯持有美元，並以此作為交易媒介及儲備貨幣才可能，而香港的聯繫匯率正是最徹底願意吸納美元的制度。打擊這制度不啻是動搖美元霸權的根本，美國現屆政府雖行止乖張，但恐怕心中所怕的，是香港以放棄聯匯制度作為反制工具，反正過去 100 年，香港總共用過五種匯率制度，聯匯制只是其中之一，改變不會帶來太嚴重後果。

　　對香港最有實質威脅的可能是美國運用其影響力逼迫SWIFT 把香港踢走，但這是近乎不可能的任務，而且美元的霸權地位也會因此受重創。SWIFT 是一個連接了全球 200 多個國家11 000 多所金融機構或銀行，帶有合作社色彩的一個金融通訊網絡，全球大約一半的跨境支付都利用它傳遞信息駁通不同國家的外匯交收系統。若某國某地區被禁止使用 SWIFT，會造成不

少麻煩，需要使用另一系統或自己發展一個新系統。SWIFT 不屬於美國，但因美元是最常被使用的貨幣，所以美國的話語權較大。SWIFT 有 25 名董事，來自各國參與的銀行，現屆董事會有一位董事來自中國銀行，從前也有來自香港的。

## SWIFT 踢得走香港？

正如前文說過，就算有外來壓力要踢走某國，SWIFT 一樣可以拒絕。從過去經驗看來，國力的對比是關鍵因素。能踢走香港嗎？香港是世界三大或五大外匯交易中心之一，具體排名要視乎用甚麼標準，若香港的銀行不能參加 SWIFT，世界外匯交收的整個運作恐怕會大混亂，情況比伊朗或俄羅斯離開嚴重得多。況且中國早已成為世界第一大貿易國，不少支付通過香港，若香港垮了，在一段時間內，全球很多國家的進出口貿易都會大混亂，中國不會容許此事發生，其他國家也會因利益受損而反對。假設美國用上洪荒之力真的做到了把香港踢出局，那麼世界多個國家必會對使用美元這一習慣大起懷疑，繼而促使她們發一狠勁，乾脆擺脫美元，另建體制，美元霸權又會失去一個支柱。美國金融界中人應十分明白此等道理，不致亂來，但只怕白宮中的經濟文盲不懂世事，還以為自己可任意胡搞，害己累人。

美國當然還有其他的招可出，例如凍結某些人在美國的資產或不發簽證等，但這些小動作無法影響大局，而且會引來對等報復，我們不用重視。

（原刊於 2020 年 7 月 21 日《大公報》）

# 3.9 國安法背後的中美關係

　　不少人認為香港是間諜之都，而且還是世界最大的。若然如此，肯定是因為香港在情報搜集方面並無法例規管，在政治部被取消後，處於「無掩雞籠」狀態。《港區國安法》立法，直接觸動了不少外國在港的情報利益，更打擊到進行顛覆工作的人士，所以歐美國家多不會歡迎。這些國家中當然是美國最為緊張，《港區國安法》的核心也是中美關係問題，要分析《港區國安法》也必須從中美關係出發。

　　中美關係近年迅速惡化，這是有原因的。第一，「修昔底德陷阱」的動力正在產生影響。美國是霸凌世界的第一強國，靠此地位撈得不少好處，例如她可靠開動印鈔機便可用美元換取到各國提供的商品與服務，若非別國肯大量接受美元為儲備貨幣，濫發鈔票會造成通脹及貶值，美國便得不到好處。美國的一哥地位若受到挑戰，美元儲備貨幣的身份也會動搖，上述利益也會削弱。所以縱使中國毫無挑戰美國一哥地位的用心，只要美國見到中國國力上升，她也會害怕自身地位下降。

## 美國國力大不如前

　　美國如何感到中國國力上升的威脅？早在 2000 年，我已讀

到有美國的極右政客，主張要瓦解中國的軍事力量。在那時，美國的 GDP 以官方匯率計算，是中國的 5.3 倍，美國政客有人認為中國不堪一擊，應及早行動。不過，中國也幸運，出現了「9.11 事件」，美國無暇他顧，讓中國多了 7 年積累國力。到了 2008 年，金融海嘯又重創美國，中國又再多獲 7、8 年的高速發展。2016 年底，特朗普當選總統，他做事瘋瘋癲癲，對美國破壞之大遠超於對中國的遏制，中美國力又再進一步拉近。2019 年，用市場匯價計算，中國 GDP 是美國的 70% 左右，但若把物價差別也考慮在內，用購買力平價計，美國 GDP 已低於中國。其他的國力指標，也出現近似情況，美國已失去了機會，你說美國政府會否恐慌？

第二個因素是美國境內出現經濟分配不均。在過去三四十年，世界上四分三人口收入急劇上升，但發達國家中大多數人民收入則停滯。這是全球經濟一體化的後果，中國、印度、巴西等人口眾多國家的人民，一樣能做出發達國家人民所懂得做的工業產品，所以窮國人民收入上升，但富國人民收入則停滯。不過，美國的資本家在全球一體化中獲利卻是甚豐。美國總體而言，也是得益者，只是利益集中到資本家手中。普通人民的收入停滯，得益主要是消費者可用較低價錢買到廉價消費品。此種形勢產生了微妙的對華政治力量，資本家本是中美貿易的得益者，但他們在華卻因種種限制未能「賺到盡」，所以也希望美國政府為他們爭取到更大利益。至於普通僱員，他們見不到薪金上升，很易被人引導以為是中國搶走了他們的飯碗。美國消費者可以低價買中國的便宜貨，是得益者，但消費者的利益分散，絕難形成一種

有方向的政治力量。美國反華言論猖獗，原因正是沒有制衡的動力。排外反精英的民粹力量出現，事在必然。

## 補貼黑暴耗費上升

美國現屆政府對華不友善，乃社會反映，特朗普發動的貿易戰、科技戰、疫情甩鍋戰，雖不能說對中國毫無影響，但卻阻止不住中國的發展，對美國自己的傷害也大。例如在甩鍋戰中，美國所用的政治修辭雖然兇悍，但最近一個國際民意調查的結果卻顯示，在53個國家或地區中，50個國家的人民大都認為中國的抗疫做得比美國好，只有美國、台灣及南韓認為美國做得更好，顯然甩鍋工程並未能使美國討得好處，美國政府幹此無聊舉動，少了時間應付疫情，後果便是美國變成全球最失敗的疫情受害國。

地緣政治之爭是美國要開闢的重要戰場，這戰場的地理位置正是香港。去年黑暴背後有美方支持，已是路人皆見，抵賴不了。《港區國安法》一出，若是執行得有力的話，美國一些傳統的諜報工作可能也會受到拖累，美國必會動員英國及一些西方國家反對。香港太小，我估計白宮中人以前對港美關係的現況根本不了解，誤以為撤銷獨立關稅區或撤資等工具會有效，但一坐下摸清情況後，卻發現這些工具根本無甚作用。至於衝擊聯繫匯率，更是對美國利益打擊甚大，美國尚不至如此愚蠢。剩下來美國在《港區國安法》出台後可以做甚麼？

觀乎美國領事近日放盤出售壽山村道價值近百億的宿舍一事，似乎在減少在港的資產，其原因若何，讀者可自行猜測。但

煽動及支持香港的暴亂，只要不影響到美國在港金融界的利益，應仍是本小利大的行動。只是有了《港區國安法》後，犯罪成本增加，就算要搞暴亂，其金錢補貼也水漲船高，要耗費的資金也會上升。

（原刊於 2020 年 6 月 19 日《晴報》）

# 3.10 為何有些人對
# 中國的判斷力這麼差？

在學校碰到經濟系的梁兆輝教授，他一見我便提起近日梁振英有關傳媒大亨的幾篇短文。這些短文我也讀過，其主要內容是引述了大亨過去一兩年關於內地與香港的部分論述。我們對這些論述都感不可思議，奇怪為甚麼一位本應是聰明絕頂的人，可以在判斷力上犯上這麼多低級錯誤，以致身陷困境。

大亨說過些甚麼？舉個例子，在前年黑暴尚未發生，中美貿易戰正酣時，大亨認為不難估計，中國的經濟困局和白熱化的經濟與社會危機，會導致政府岌岌可危，習近平或性命不保，港人對中國政府可以「趁佢病攞佢命！」

這是典型「支爆論」，不少黑暴分子對此深信不疑，今天看來，卻是歷史的笑柄。我們不用當事後孔明，早在兩三年前，國際經濟學界的主流包括我在內，已多番指出美國在這貿易戰中不會討得了好，至於中國會否因此而崩潰，更是天方夜譚。劉遵義教授兩年前出版的大作《天塌不下來》，亦早已用大量數據論證了中國經濟受創輕微。到了近月，賀錦麗在競選辯論中作總結，直言美國已輸掉了貿易戰。先後擔任過世界銀行副行長及國際貨

幣基金副總裁的貿易權威顧路格（Anne Krueger）教授也撰文指出，特朗普貿易戰已是徹底失敗。

傳媒大亨與香港的攬炒分子，絕不是孤單的弄錯中國國情的人。去年美國著名智庫「美國企業研究所」（American Enterprise Institute，簡稱 AEI）有位研究員布明代（Dan Blumenthal）出版了一本名為《中國惡夢》（*The China Nightmare*）的小書，也在「論證」中國是如何的脆弱，隨時都會分崩離析，但正因她內部脆弱，更顯得好大喜功，對外充滿野心。既然她是如此不濟，只要斬斷她與先進科技的聯繫，遏制她的擴張，其內在矛盾已足可使她分裂，執政黨甚或倒台。此種思維其實代表了特朗普幕僚的新一代「華盛頓共識」。

只要翻開這本小書，對於有注意中國國情的人而言，便立時可知其滿紙荒唐。正如一位書評人所言，命運對布明代開了個殘酷的玩笑，此書本於去年 4 月定稿交到出版社，在其後記中，作者尚對新冠肺炎大做文章，認為中國這一警察國家根本不能控制到疫情，只會使它更嚴重，因為地方幹部都會隱瞞疫情，實際中招者比官方數字可能高了百倍！今天見到這些「預測」，很難不使人啼笑皆非。中國是最成功的抗疫國家之一，比上美國不知勝了多少倍，去年 10 月國慶黃金週，網上載有大量旅遊點人山人海的「盛況」，若果疫情沒有控制住，誰敢往人羣裏鑽？聖誕期間有朋友到杭州武漢等地出差，打回來的報告及照片卻是一片歌舞昇平景象。一套假說所導引出的預測若與事實出現嚴重矛盾，我們已可把此假說丟進廢物箱中。

這些人其實把視野放寬一點，便容易看到大量與他們偏見相

左的事實。布明代認為中國會分裂，原因之一是中國是個農村社會，但中國今天六成人口都住在城市，而且人數繼續急速上升，何來農村人口缺乏對中央政府的向心力？中國每年過千萬高中生參加高考，這現代版的科舉制度，提供了一個容量巨大的往上流動的途徑，對社會穩定有極大幫助。多種國際民意調查機構亦發現，中國人民九成左右對前途十分樂觀，亦有九成三左右的被訪者擁護中央政府。現時疫情受控，對比歐美社會抗疫的驚惶失措，中國人民普遍地對自己國家感到十分自豪。再加上中國是大國中唯一一個經濟有正增長的國家，其他的都在負增長及高失業中掙扎，在此態勢下，預測中國快將「支爆」，豈非是痴人說夢？

　　上面所述，並非甚麼高深學問，而是只要對客觀事實肯接納，便可輕易掌握的常識。我與梁兆輝所感到驚訝的，便是為何一些有相當智力，甚至是對中國並非完全無知的人，竟會錯得這麼離譜，而且還會有不少信徒。這種人類思維能力的退化，原因是甚麼？我尚未有滿意的答案，但已看到政治偏見在實際世界中的確可蒙蔽到很多人，使他們自動篩走一些不合他們心意的事實。有些人喜歡圍爐取暖，更加劇了他們蔑視事實的病態。錯誤判斷要付出代價，他們也是受害者。

（原刊於 2021 年 1 月 7 日《頭條日報》）

# 第四章

# 不問道德的博弈手段

# 4.1 華麗政治修詞背後的粗製濫造：評彭斯講話

　　美國副總統彭斯 2018 年 10 月 4 日在華盛頓赫德森研究所（Hudson Institute）發表的演說，肯定會成為歷史文獻，它不但標誌着中美關係的歷史性轉變，同時也是美國走向沒落的一個紀錄。演講內容涉及的問題豐富得很，在一篇短文中我只能討論一小部分，但已足以見到當中充滿錯得離譜的經濟判斷，對歷史的歪曲或選擇性失憶，以及無中生有、只許州官放火不許百姓點燈的指控，這篇演詞遠達不到副總統演講應有的嚴謹水平。

　　美國人民對中國的情況一般不甚了了，大多不會懂得分辨這經過公關精心包裝過的演詞背後的真偽，容易受騙，但懂得的人卻會看出其內容的粗製濫造，美國雖人才濟濟，但正如伍德沃德（Bob Woodward）新作《恐懼》（*Fear: Trump in the White House*）一書中揭露的白宮亂局所顯示，特朗普本人的胡來，已令其團隊難以有效運作。

## 中國得益於美國投資？

　　上述評價是否過於嚴苛？我相信不是，先舉些經濟部分的例

子。彭斯說：「在過去 17 年，中國的 GDP 增長 9 倍，變成了世界第二大經濟體。這很大程度上得益於美國對中國的投資。」

中國的經濟增長的確很大程度地受惠於快速的資金積累或大量的投資，我曾用正規的「增長會計」（Growth Accounting）方法估算過，從 2000 至 2017 年這 17 年內，中國 61.5% 的 GDP 增長動力來自投資，近年這比重更有所增加。但這些新投入的資金從何而來？是靠中國人民節衣縮食，每年將近一半的產值儲蓄起來用作投資，而不是靠美國。

美國對中國的投資額有多少？2000 年美國對華的直接投資共 43.84 億美元，連香港在內地 155 億美元的直接投資也遠遠比不上，與中國當年的總投資額相比，只是後者的 1.1% 左右。到了近年更加微不足道，2016 年香港在內地的直接投資是美國的 34 倍，美國在華的直接投資已降至等於中國投資總量的 0.05%！彭斯似乎忘記了，中國的經濟板塊，早已是一龐然大物，美國的投資只是滄海一粟而已。

這麼微不足道的美國在華投資竟「很大程度地」造就了中國這 17 年的增長？假如此說也可當真，中國也大可吹嘘美國的增長其實來自中國。2016 年，中國在美國的直接投資等於當年美國總投資的 0.52%，比例上 10 倍於美國在中國的投資！

彭斯也引用特朗普的瘋言瘋語，因為美國對中國有貿赤，所以美國「在過去 25 年重建了中國」。貿易本是互利共贏的東西，但特朗普不知從哪裏學來一些 19 世紀重商主義過時的錯誤經濟學，以為貿易是零和遊戲，出口有順差便是賺，逆差便是蝕。

我過去幾個月已寫過多篇文章批判這種錯誤，近日翻查資

料，原來特朗普的前經濟顧問委員會主席科恩（Gary Cohn）也曾屢屢向他講解他的貿易思想與政策為甚麼錯誤，在學術界中，包括多位諾貝爾獎得主的不少頂尖高手，一樣寫過多篇文章指出特朗普的錯誤。

左派或中間派的經濟學家批評他不足為奇，但芝加哥學派的一樣要與他劃清界線，性格溫和的諾獎得主薩準特（Tom Sargent），本來是共和黨支持者的巴羅（Bob Barro），不是說特朗普的貿易政策無用，便是直斥其荒謬；芝大和史丹福胡佛研究所的科克倫（John Cochrane）更鼓勵各國不要理會特朗普的挑釁，各自搞好多邊貿易，將來美國自要乞求再加入她們；諾獎得主史迪格列茨（Joseph Stiglitz）更慨歎，從未見過一個國家的總統經濟顧問是如此不入流的。

話說回來，美國有貿赤等於別的國家向美國送出一定價值的商品後，美國只回送價值較低的商品及一堆並無內在價值可在印鈔機不斷印出來的鈔票，別的國家並把這些鈔票放在倉庫中當儲備。以少換多，不是美國賺了是甚麼？中國人幾十年來辛勤地工作生產，廉價地把商品賣給美國，令美國人民得以用更低的代價享受豐盛的物質生活，中國在貿易上絕對沒有虧欠美國。蘋果手機的例子雖然極端，但足以說明問題，蘋果手機在中國組裝，包括工程師與工人的中國人民，每部手機只賺幾塊錢美元，但輸出到美國後蘋果公司卻賺幾百美元，若說美國重建了中國經濟（此說當然不符事實），中國便是支撐着美國經濟的最大功臣了。

## 美拒「百年之恥」期間欺凌中國？

彭斯說：「美國在21世紀前夕向中國敞開大門，把中國納入世界貿易組織。」WTO是多個國家合辦的組織，不是美國擁有的，但八九十年代中國申請加入WTO，最大的阻撓者卻是美國。猶記得近20年前我在本報也寫過好些文章批評美國的不公，朱鎔基那時也慨歎等入WTO等到頭髮也白了，現在彭斯反而說中國應向美國感恩，豈不顛倒黑白？只是特朗普常常不滿WTO對美國設限，不知為何彭斯還會提起WTO。

彭斯講話觸及到不少歷史事件，一樣反映出特朗普團隊的選擇性失憶。彭斯說美國與其他列強不同，拒絕在「百年之恥」中加入欺負中國，反而提出「門戶開放」政策，又幫助中國建立一些大學，二次大戰時又是同盟國。言下之意，後來的韓戰是中國忘恩負義了。

美國是否拒絕在「百年之恥」期間欺凌中國？1899年9月，美國國務卿海約翰（John Hay）的確發了個照會給有份瓜分中國的列強，要求她們不要在自己勢力範圍內干預中國通商口岸的關稅，而且稅率應對各國一視同仁，這是「門戶開放」政策之始。

先師芝加哥大學著名政治系教授鄒讜在1963年出版了一本有關中美關係的劃時代經典《美國在中國的失敗》，當中便有詳述「門戶開放」的背景。美國與中國早已在18世紀便建立了貿易關係，並且希望到中國傳教。以當時的情勢而言，有些國家確是要在中國搶掠利益，但對美國而言，若列強把中國肢解，並以中國為戰場，也不符合美國利益，反而中國的穩定有利於美國。

但這並不意味美國如彭斯所言，沒有侵凌中國。19世紀時

美國分到的利益不在少數，八國聯軍佔據紫禁城美國並無缺席，美國派了 2 000 多人參戰，第一批登上天安門城樓耀武揚威的便是他們。1901 年的《辛丑條約》中，中國要賠上 4 億 5 000 萬両銀，年息 4%，分 39 年繳交，這筆錢是清政府 5 年的開支，也是列強實質損失及打仗成本的 10 至 20 倍。美國取得其中 7.32%，折合約 2 444 萬美元。

清廷發現所賠款項遠超於八國的損失，於是派了駐美大使梁誠（他可算是香港人，其子曾當過金文泰中學校長，亦是清政府 19 世紀派到美國學習的幼童之一）向老羅斯福總統據理力爭，搞了幾年，羅斯福也不理會他。幸好後來羅斯福得知梁誠在麻省的安多福學院讀書時是壘球高手，而羅年輕時也看過梁的表演，二人關係急劇轉好，終於美國答應不再追收中國尚未繳交的賠款共美元 1 078 萬 5 286 元 1 角 2 分 [1]。

其實，美國肯停止再收賠款（已交的早已遠超美國在義和團之役的損失），並不等於美國大仁大義，而是中國太慘，連累美國對華出口大跌，美國希望減收一些錢以刺激對華貿易，清華大學的建立便是靠這筆本來便屬於中國的錢。彭斯對這段歷史的前因後果不甚了了，卻自扮正義，使人反感。

眾所周知，第二次世界大戰中，美國與中國是盟國，但美國是否便是中國的救世主？中國在 1937 年「七七事變」後正式宣佈對日抗戰，同年日本的「南京大屠殺」已引起世界人民的憤怒，美國人民反日情緒亦高昂，但美國卻並未打算為中國向日開戰。

---

1　見 2010 年 11 月 1 日《信報》拙作〈香港應成為新意念的傳播者〉。

美國的政策是在亞太區劃了一條界，只要日軍不過這條界，日本是否繼續侵華，美國也不緊張。

## 中國干預美國內政？

後來日軍侵略印度支那及新加坡等地，對美國歐洲盟友利益衝擊大，美國才對日本禁運石油；直至 1941 年底「珍珠港之役」，美軍才下定決心宣戰。中國在自己戰場拖住百萬日軍，有利於兵力不及日本的美國在太平洋的戰情。當然，美軍與日軍作戰，也減輕中國的壓力。科大舊同事齊錫生教授的兩冊巨著《劍拔弩張下的同盟》便多有記載，美國政府與中國政府之間其實一直都有嚴重衝突。這些陳年歷史本來過去便算，彭斯卻找出來替美國自吹自擂，豈不是幼稚或心虛的表現？中國又哪有虧欠美國？

彭斯有些賊喊捉賊的指控，我們不能不指出，以正視聽。中國在愛荷華州的《特梅因紀事報》刊登了一份廣告，向美國人民解釋自己的關稅政策，彭斯卻指摘這是中國干預美國選舉與內政的舉措。正如不少美國輿論指出，此等廣告是頗為常見的做法，沒甚麼大不了，根本與干預選舉、干預內政扯不上關係，但若說干預別人的內政，又有誰比得上美國？中東的顏色革命中，美國的社交媒體起了多大的作用？史諾登揭發美國監控着包括港人在內的大量電子訊息，這些訊息是不是要用作干預別人的選情？

若還不夠清楚，彭斯在演講開始時，特別多謝赫德森研究所的白邦瑞（Michael Pillsbury）便使人心中一跳。白邦瑞是赫德森研究所的中國通，列根年代曾當國防部助理副部長，他幫助過「國家民主基金」（National Endowment of Democracy，簡稱

NED）法例的起草工作。他在佔中後接受霍士電視的訪問，直言美國政府對香港政治有影響力，那裏有個人員眾多的美國領事館，而且 NED 曾向香港多個政治活動提供過數以百萬美元計的資助。美國政府資助香港的佔中及其他政治活動，不是干預中國內政是甚麼？

中國借錢給「一帶一路」國家搞基建，中國自己能否收回成本頗具爭議，但彭斯卻不知為何如此樂觀，認定中國會得到極大利益，接受貸款的國家卻會跌入債務陷阱，受中國控制。美國派航母到中國水域一帶巡航，是進攻性動作，中國建設不會動的人工島，卻更像建長城般，是防守性的行為，美國卻要責難中國。美國軍費 7 000 多億美元，數倍於中國，竟也要指斥中國的不是。中國與梵蒂岡達成委任主教的協議，往中梵建交走了一大步，彭斯也眼紅，說中國的基督徒會因此而絕望。這些雙重標準或無根無據的指斥，也許是為了服務 11 月美國的選舉，但彭斯胡亂剪裁事實的演說，卻是不可避免地破壞了中美這一全球最重要的關係。

（原刊於 2018 年 10 月 12 日《信報》）

# 4.2 中國對非洲是新帝國主義者嗎？

　　非洲不少國家都是「一帶一路」的重要組成部分，事實上，非洲與中國也存在很強的互補性。非洲土地儲備充裕，只要引入先進農業技術，理論上可生產大量糧食，將來可向中國出口。非洲能源儲備也豐富，這也是中國所需之物。非洲國家大多貧窮，工業落後，對中國的資金、技術、基建與產品都需求甚殷。更重要的是，非洲今天的經濟發展水平，比中國改革開放初年好不了多少，既然中國能成功脫貧，非洲又有何不可？中國模式的秘訣，正是非洲很多國家極感興趣的學問。

## 西方國家與媒體頻對華攻擊

　　中國在非洲很成功。2009 年，中國已超越美國成為非洲最大的貿易夥伴。2017 年，中國在吉布提設立了第一個海外的海軍補給基地。這基地雖然細小，只得十分一平方公里，但位處從亞丁灣進入紅海的咽喉地帶，立時引致美國和日本的坐立不安。中國在非洲近年大興土木，為其建設碼頭、公路、鐵路、機場、輸油管，從 2007 至 2015 年，中國光是從世界銀行手上，便贏取

了世銀非洲基建項目總價值 30.3% 的合約，是各國中成功率最高的國家。

中國在非洲的直接投資總額，雖然仍不及美國，但也是不斷上升，2003 年中國在非洲的投資，只等於美國的 2%，但到了 2015 年，已達美國的 55%，在這一年，中國投資的累積總額是 350 億美元。

中國的石油，不少也從非洲入口，2015 年，中國從安哥拉入口石油 160 億美元，佔中國石油入口的 8%；同一年，美國從安哥拉輸入的石油已跌至 29 億美元。在政治上，中國幾乎已成非洲國家萬邦來朝之國。2018 年 12 月我在北京大學參加林毅夫教授的「中國新結構經濟學研究院」的升格典禮與學術會議，非洲好些國家的元首也致賀電，甚至派官員和專家專程參與，這固然是由於林毅夫的新結構經濟學在非洲政經界大行其道，但不少國家選擇以中國為師應也是重要原因。

美國早已咬定中國是她最有實力的競爭對手，中國在非洲的聲勢，不可能不引起美國及一些西方國家的疑慮。美國副總統彭斯便曾公開告誡「一帶一路」國家不要向中國借錢，否則會陷入債務陷阱，翻不了身。美國、日本及西方媒體對中國在非洲經濟活動的攻擊更是不絕於耳，例如在吉布提中國海軍基地落成後，《紐約時報》便在頭版大罵中國用數十億美元的債務收買了吉布提，以致美國與這個盟國的關係遭到破壞。（其實吉布提欠下所有國家的外債總數也只有 19.5 億美元，又何來欠下中國數十億美元？）

除了罵中國用銀彈政策騙非洲國家上當，她們最終會被中國

控制外，不少西方輿論也把中國在非洲的投資看成是對其天然資源的掠奪和剝削，中國是新帝國主義云云。

有一位叫 Moises Naim 的仁兄所寫頗有影響力的文章更直指，中國提供的發展援助，其資金來源本身便已不民主、不透明，它的效果只是在扼殺非洲人民取得的真正進步，中國只是為了自己的戰略和利益，並非要使非洲人得益。也有人批評，西方國家提供債務時，會引入誘導機制，對願意走向民主、減少貪污、改進管治的國家才肯幫助，但中國卻毫不理會這些因素而胡亂提供借貸，破壞了西方國家的「苦心」，所以中國的援助只應視作「流氓援助」！

上述言論究竟是存心詆毀，還是一語中的？這倒是可以用數據及計量經濟學的方法驗證的假說。如何驗證？這要一讚美國的學術研究機構。

我在上述北大會議中聽到一位來自非洲的牛津博士宣讀論文，她直指西方的傳媒只是胡說八道，她提到約翰霍普金斯大學有一個「中國非洲研究所」（China Africa Research Initiative，簡稱 CARI）建立了一個有關中國與非洲經貿關係的數據庫，其內的數據足以推翻西方傳媒的主要論點；我到這研究所的網站瀏覽，果然見到不少有用的數據，更使人驚喜的是，這個研究團隊已經做了不少有用的定量分析工作，可替我們解惑。

**第一個假說：中國借給非洲諸國的債務，會導致這些國家跌入債務陷阱，翻不了身。**

這個假說驗證方法較為簡單，看看她們借到的債，是否大至難以償還。若是欠債與收入相比不是很大，那麼上述假說

便可推翻。

根據 CARI 數據庫的債務數據，從 2000 至 2017 年這 18 年內，非洲 54 個國家中的 47 個有向中國借錢，借貸總額共 1 433.5 億美元。要注意，這是借貸總額，而不是現存的總欠債，這是因為歷年借回來的錢，很多都已還給中國。這筆款項共借給 47 個國家，這意味每國平均共借得 30.5 億美元，還要是 18 年的總和，即每年每國平均借得 1.69 億美元。雖然非洲國家比較窮，但這些數目都很低，並不足以使涉及的國家陷入危機。

更準確的評估是，要看看每個國家從中國所得的總借貸佔了 GDP 多大的比重。細看數據，我們可輕易見到大多數非洲國家 18 年加起來向中國借貸的總量都在 2017 年 GDP 的 10% 以下，除了 3 個國家外，其他的總借貸都低於 GDP 的三成。作為比較，美國、日本及歐盟國家各自的外債率都高達接近 GDP 的 100%。

由此看來，非洲國家近年在理財方面轉向穩健，其借貸率難以說成是高至可快將掉進債務陷阱。至於上述 3 個例外國家是誰？第一個是剛果共和國（18 年來共向中國借入了等於 2017 年 GDP 85% 的債），另一個是吉布提（72%），第三個是安哥拉（34%）。

這幾個國家的借貸率雖然較高，但翻不了身的機會卻不大，安哥拉和剛果都產石油，安哥拉借來的款項目的之一，正是要投資建輸油管，她們財務上暫未見危機跡象。吉布提是小國，向中國借的錢總額其實只有 14.7 億，以其地理位置的充滿戰略性，可為沒有海岸、經濟卻正在上升的埃塞俄比亞提供出海港口，其經濟前景亦有可樂觀之處。

這幾個國家的總外債率都不高，這意味着她們欠中國或其他國家的債項，有部分其實早已還清。從另一角度看，世界銀行借給非洲國家的錢，依然大於中國向她們發放的債項，若這些國家如西方傳媒所說的會跌入債務陷阱，那麼世界銀行的責任豈不更大？

　　第二個假說：中國借出款項的準則或目的是要助紂為虐，收買非洲的貪官獨裁者，以謀中國自身的利益。

　　CARI 發表的論文中，倒是有位叫 David Landry 的專家用計量經濟工具檢驗過這假說。他把中國、美國、法國、德國及英國從 2000 至 2015 年給 54 個非洲國家的借款額紀錄都找來，並對每一個國家有關制度質素、天然資源、得款是否用得其所、與債權國家的貿易及經濟關係等多個變量都打上分數，再用處理面板數據（panel data）的計量方法，找出哪些因素對借貸額有影響，哪些沒有。

　　結果顯示，對西方國家而言，非洲國家的制度質素對借款額有影響，但在統計學意義上真正有顯著影響力的制度質素，也只是接受債款的國家政治上是否穩定而已。

　　這顯示出西方國家提供債務時，雖有影響別人內政的意圖，但最實在的考慮還是害怕某些政府會倒台，以致追不回欠款。至於政治及經貿關係是否良好，也是重要的決定因素。

　　中國借款的準則與西方國家確有微妙的分別。從驗證結果可見，中國對受援國的制度質素並不特別重視，得到借貸的國家不一定有良好制度，但也無證據顯示，貪污獨裁的國家會特別得到中國的垂青，因此，若說中國是專門助紂為虐，西方國家則是獎

勵改革進步，也只是西方傳媒自我陶醉，並無根據的詆毀中國的言論而已。

但這並不意味中國的政策只是在發揚雷鋒式的「毫不利己，專門利人」的國際主義，影響中國借貸的主要因素，包括這些國家是否與中國有雙邊貿易關係及在聯合國投票時是否站在中國的一邊，亦即大家是否都是朋友。但觀乎中國曾給 47 個非洲國家放款，中國視之為朋友的非洲國家也頗多。

**第三個假說：中國在非洲參與的基建項目質量差勁。**

西方傳媒往往喜歡在多項基建中找出一些道聽途說或個別的傳聞，便驟下結論。彭斯也曾吹噓，找中國搞基建，不如找美國，質量更得保證。基建對非洲的發展的確重要，世界銀行估算，非洲每年最少要投資 930 億美元才可應付需要，誰可簽到基建合約，世界多所公司都在競爭着。

CARI 有一份 2016 年初，作者是一位研究生 Jamie Farrell 的報告，她抽樣出 72 個 2000 至 2007 年中國從世界銀行手上贏得，並在 2013 年前完成的非洲基建項目，並與之與 36 個同類但卻是經濟合作暨發展組織（Organisation for Economic Co-operation and Development, 簡稱 OECD）國家得到的項目作比較，比較的標準是世銀對每個項目完成後對質量所打的分數；她發現，從 1 至 6 分裏，中國項目的平均分是 4.452，OECD 的項目則是 4.769。OECD 國家的項目平均分較高，但只是稍高。Farrell 的論文便指出，中國與 OECD 的項目質量並無統計意義上的顯著分別，西方某些媒體硬要把中國參與的項目描繪成一塌糊塗，論文便認為是完全脫離現實。

有兩點我們也是要注意的。第一，中國參與的基建項目一般索取的利潤及勞動成本都低於西方國家，這意味中國公司投標時極具競爭力，以較低的成本便可完成質量不錯的項目。第二，Farrell 所研究的基建項目是 2000 至 2007 年簽下合約的，但在最近 10 年，中國累積到大量的基建技術經驗，其使人眼花繚亂的工程早已使中國被冠上「基建狂魔」的稱號，今天中國在基建項目上的實力，已非 10 年前的吳下阿蒙矣。

從上可知，有關中國與非洲經貿關係的 3 個負面假說，在客觀數據驗證下都站不住腳。不過，在國際環境急變的未來一二十年，一些西方國家的政府與傳媒恐怕還是繼續會無限誇大一些小事情或根本不會去深究事實或複核數據，看看自己所說是否有根據。特朗普對世界最大的貢獻也許是告知我們，有假新聞這回事。

約翰霍普金斯大學 CARI 的專家們似乎對西方媒體，包括一些地位崇高的媒體粗疏面對數據的作風很感驚訝。我不認識他們，不會如他們般感到驚訝，但卻相信錯誤的報道或評論，只會使西方國家與非洲的關係更加分離，非洲人民與政府自會判斷中國的資金和基建對她們有無好處。

（原刊於 2019 年 1 月 16 日《信報》）

# 4.3 抗疫戰中的輿論戰

　　抗疫戰以外，還有一場國際輿論戰或公關戰在進行着。後者本來是美國主導針對中國，但近日美國後院失火，自身難保，敗象已呈。

　　美國政府雖不敢違反美國社會的價值觀，直接宣揚種族歧視，但找些外圍人士胡亂指摘中國是疫症散佈者，從而使美國人民及世界人民埋怨中國、疏遠中國，卻是符合美國今屆政府的戰略。美國商務部長羅斯不無幸災樂禍地說中國的疫情會使更多職位回流到美國，霍士電視台的一個主持胡說八道地說中國人民都很飢餓，要吃蛇、蝙蝠，以致病毒傳染世人，中國要道歉，（為何美國控制豬流感不力，使全球死了 57 萬人，美國卻不道歉？）《華爾街日報》刊登標題侮辱中國的文章，都是其輿論戰或宣傳戰的例子。

　　在中國內部，輿情也一直在變化。在武漢封城的初期，從內地網民的反應可見，正面的評價佔主要，人民認為政府行動果敢，否則如何能有此斷然的措施？隨着全國各地爭相支援武漢，顯示出強烈的團結精神，也感動了不少中國人民，甚至世衞到華考察的團隊。

## 中國迅速控疫　反擊失實批評

不過，曾當「吹哨人」的眼科醫生李文亮的病逝，令中國的輿情出現了一陣子的轉向。李文亮在 2 月 7 日去世，當日新增確診個案是 3 385 宗，中國的疫情仍處於高峰期，曙光只是剛剛稍為顯現，當時春假已過，但未能全面復工，人民的挫折感很強，一大堆不滿言論便湧現出來。政府連忙替李文亮平反，追封他為英雄，才控制住輿論的逆轉。

輿情也真是一頭控制不了的怪物。2 月 26 日，中國大陸以外的新增確診個案數字，首次超過了內地，在當時，內地新增個案早已不斷減少；到了今天，個案比 2 月初已減少了超過 99.5%，本週四更只得 18 宗新個案。客觀情況的變化，使人民對防疫戰信心大增，內地輿情又變得正面起來。

我多次說過，要評估中國抗疫的表現，必需要作國與國之間的比較。在 2 月底開始，國外幾個地方出現了大爆發，而且還有兩個到過夏威夷的病人，他們並無到華的旅遊史，亦無證據證明其感染的病毒源頭是中國。這幾個國家處理病情時都手忙腳亂，南韓受到邪教拖累，差點失控，幸好她的防疫制度十分可靠，新增數字後來也控制得住；日本醫療先進，但其政策卻直接促使了鑽石公主號郵輪的大爆發；意大利擁有歐洲一流的醫療系統，但以人口比例計，其感染的個案是中國的 4 倍有多，不但要封城，還要封國！上述的都是先進國家，而且中國的全力抗疫，早已為世界積累到寶貴的經驗與科學知識，以及為其他國家爭取到準備時間，但縱然如此，中國控制住疫情的速度仍優於這些國家，這豈不反證出以前對中國努力所作的批評是無的放矢？

## 美國人漸恐慌　對政府失信心

　　平情而論，南韓、意大利甚至日本，也都盡了力，中國若有能力可幫助她們，體現出「人類命運共同體」的風骨。但最使人詫異的，倒是美國這科技大國的不濟。美國政府看到中國的成績已是不舒服，但政府禁止民間檢測，不隔離、不公佈數字（其實沒有足夠的檢測又如何公佈？）、勸人不戴口罩，又不願透露口罩及藥物主要需從中國購買，特朗普昨天的講話，也只是自吹自擂，市場對美國政府失去信心，股市連日大瀉，政府卻似是束手無策，毫無實質對應。美國人的恐慌情緒逐漸出現，這對美國政府所要打的宣傳戰十分不利，美國人民不免要懷疑，為何中國守得住，美國政府卻表現得如此差勁？

　　中國自己的宣傳策略，是多報道人民及醫療人員的無私奉獻，因為有實質根據，人民也受到感動。感動國內人民容易，讓世衛的專家了解實情也有很大幫助，但境外的傳媒根本不會報道這些故事，所以也談不上可感動到甚麼人。不過，恐懼情緒可能比感動更能有效改變國際輿情。美國人民雖是大心大肺，但眼見不少國家所遇的困境，自己的股票又縮水，而且知道美國的疫情數字是基於美國根本沒去檢測，再加上特朗普的政敵必把他的荒謬處都挖出來，中美抗疫實況一對比，結果明顯，恐懼情緒已使美國的宣傳戰幾乎崩堤。

　　要徹底改變歐美對中國的輿情，不可能一蹴即至。但不要忘記，60 年代美國社會十分反共，一場越戰使到珍惜生命的美國人變得很左；70 年代，美國校園輪流放映《東方紅》歌劇，卻能招來大量美國觀眾。輿情也可能物極必反，走向反面。

（原刊於 2020 年 3 月 13 日《晴報》）

# 4.4 人類命運共同體
# 還是背後捅刀？

在中國全力抗疫時，美國早已發動了一場暗戰。當時中國並無暇理會，但世事變幻無常，美國今天已進入搬起石頭砸自己的腳階段。

美國政客及其追隨者所用的策略，主要有兩個進攻點，一是發動攻擊中國體制的文宣，二是利用新冠肺炎的命名去煽動種族主義，希望世界視華人為黃禍。

在 1 月至 2 月中，中國疫情仍未被控制，而且在武漢剛封城，醫療系統幾乎因病人太多而崩潰，中國醫護人員手忙腳亂，美國及香港一批以美國利益馬首是瞻的政客及傳媒，集中火力攻擊中國隱瞞疫情，缺乏透明度，而且上綱上線地說這與中國的政治體制有關，此種體制人人得而推翻之。

此種評論，是對社會科學學藝不精的表現，我們在此不評論制度是優是劣，但某些政策效果不甚理想之時，有些人卻總是喜歡「為賦新詞強說愁」，硬是把一些蹩腳理論硬套在一些現象之上，以示自己有深度有理論。用理論解釋現象不是不對，但這要驗證。疫情初時的混亂是否與政治體制有關，本身也是一可驗證

的假說。世上政治體制起碼有一、二百種吧，若要證明中國早期的混亂與其體制有不可分割的關係，那麼其他國家便應做得比中國好，或是不會隱瞞甚麼東西。到了今天，中國早已積累了大量可貴經驗，而且十分願意公諸於世，其他國家有書可抄，但疫情在不少國家開始爆發時所出現的進退失據，也是使人瞠目結舌，而且其後續政策比起中國，仍使人毫無信心。美國更離譜，自己造不夠試劑，又不肯入口，竟不批准醫療人員替病人測試，堂堂科技大國，連數據也沒有，情何以堪？以特朗普的作風，他可能根本不想讓人知道美國疫症有多嚴重，此點我倒不想深責他，美國醫療系統仍無辦法應付大量病人，他不想出現恐慌，未必無理。武漢初期未有外援時，太多恐慌的人擠到醫院去，很可能是武漢多人受感染的重要原因。

既然不同政治體制的國家沒見到那一個在抗疫上做得比中國好，美國抹黑中國體制的理據便顯得沒有說服力。愈是把抗疫表現與體制掛鈎的人，這回愈為尷尬，美國三藩市灣區要強制人人留在家中三星期、紐約市要考慮宵禁、美聯儲局胡亂出招「救市」，但股市跌得更厲害，我本來對特朗普政府無甚信心，但也想不到他如此不濟，對經濟破壞如斯。美國自身難保，詆毀中國的策略，敗象已呈。

美國對中國的另一攻擊點是強要把新冠病毒喚作「中國病毒」。疫情問題本來與科學有關，應遠離政治，世衛深明此道理，所以命名時特別小心，刻意地不涉及地名，但美國卻一而再，再而三地把鍋甩給中國，其背後的動機便是種族主義，對此中國卻不能不理。況且現在連美國疾控局要員也在國會承認，過去多年

以為是流感致死的美國人，部分死後也有被發現是死於冠狀病毒，此病毒源於美國、中國還是其他地方，已成疑問。本來名稱的爭論十分無聊，但既然目前尚未有其來源地的確切答案，而且名稱還被強加上政治含義，用世衛的建議最合適。但顯然美國政府不作此想，蓬佩奧不但要與楊潔篪在電話中吵一論，特朗普也堅持用「中國病毒」，這似乎是早前《華爾街日報》有文章稱中國為「亞洲病夫」的官方回應，中國外交部發言人趙立堅在自己的社交媒體說美國欠中國一個解釋，十分恰當。至於香港某些媒體還在用「武漢肺炎」一詞，便顯得他們跟不上世情或是別有懷抱了。

疫症在各國的爆發，反映西方發達國家並無聽取世衛的勸告，浪費了中國為他們爭取到的寶貴時間及經驗。在疫情中美國不斷暗算中國，雖無成效，反而自作自受，但這反映出有些人還不明白在全球化大環境下和在解決全球性問題上，「人類命運共同體」的確是一重要概念。合作總比在別人背後捅刀好。

（原刊於 2020 年 3 月 20 日《頭條日報》）

# 4.5 內爆了的抹黑

上有好者，下必甚焉。今屆美國政府事事政治先行，對事實毫不尊重，其對中國發動的抹黑宣傳，不斷被權威人士指出與事實不符，難怪美國的有識之士也受不了，白宮抗疫最高顧問福奇有科學家的正直，被《國家地理》雜誌訪問時的發言，便直指武漢實驗室製造新冠病毒或洩漏病毒都是胡說八道，著名的經濟學家薩克斯 (Jeffrey Sachs) 也指出特朗普抹黑中國的行動已然內爆。

近來特朗普的甩鍋甩錯了，又有一例，而我追尋此事真相時，無意中還發現他在另一事上又自打嘴巴，且聽我一一道來。

## 特朗普的「證據」不堪一擊

5 月 3 日特朗普又再指摘中國在疫情初期做得不對，他說，在武漢封城後，中國不容許外國人進入中國，但卻沒有阻止中國人跑到別的地方去，在武漢的人的確不准飛到北京或中國其他地方，但他們卻可繼續飛到世界各地。其言下之意是中國分明在靠害，己所不欲，必施於人，故意播毒！

這個指控頗為嚴重，1 月 23 日封城後，武漢有飛機飛到國外的城市嗎？這次特朗普能如此洞燭幽微，提出別人沒注意到的細節，與他的往績不符，原來他的「證據」來源有自，名重學

林及公眾知識界（不用「公知」一詞，天可憐見，「公知」在內地語境中已貶為負面詞語）的史坦福胡佛研究所弗格遜（Niall Ferguson），在 4 月 5 日的 *Sunday Times of London* 上發表了篇文章，點名道姓，直接質問習近平 6 個問題，其中一條便是為何習在 1 月 23 日不准湖北的飛機飛到中國的城市，卻容許它們飛到世界其他地方？弗格遜其後自稱，他查過了一些航空業的數據庫，發現 1 月 23 日後還有幾十架航機從武漢飛到世界各處。

弗格遜當然比特朗普可信，但這次卻又再次顯出他治學並不這麼嚴謹，fact check 做得不夠。去年 11 月 8 日我在本欄也談過他，其時他與北大的林毅夫打賭，林認為 2039 年之前，中國的名義總體 GDP 會超過美國，弗格遜說不可能，原因是他認為在中國的體制下，中國經濟總量永不可超過美國。林信心十足，提出打賭 200 萬美元，弗格遜卻一直閃避，賭注不斷下降，回家以後還發電郵給林，要求把賭注降至 2 萬人民幣！我若是毅夫，一定不會答應減賭注。

弗格遜對航班的說詞很快便受到挑戰，挑戰者叫貝淡寧（Daniel Bell，這名字譯得好，淡泊以明志，寧靜以致遠），是清華大學及山東大學政治理論教授。貝淡寧發電郵給弗格遜，說他查過中國民航局的數據庫，1 月 23 日武漢封城後並無商業航班起飛。弗格遜對貝淡寧使用中國官方數據嗤之以鼻，堅持自己的可靠。兩人一來一往，最後貝淡寧繼續用多個不同國家的數據庫找出確鑿證據，證明弗格遜所提到的航班，若不是被取消了沒有起飛，便是沒有用武漢作為轉機站，直接從廣州等地不停武漢飛到別處。我為慎重起見，本來也想查一查這些數據庫，但發現太

舊的資料多已下架，惟有作罷。不過，後來見到有位深受諾貝爾經濟學家佛利民（Milton Friedman）影響的經濟學家森納（Scott Sumner）也加入戰團支持貝淡寧，此人也是數據分析的高手，而弗格遜也不太情願地承認自己搞錯，我也就懶得再查。

上述例子說明，特朗普視之為證據的「證據」，很可能都是虛假和不堪一擊的。上面提到，我在搜證中意外找到一段紀錄，也可說明美國政府對中國的抹黑，基礎脆弱得很。

## 美國衛生當局早開始檢疫

眾所周知，中國在去年 12 月 31 日已把疫情通知世衛，今年 1 月 3 日又照會了美國。美國的衛生當局對此有無反應？有的。原來在武漢封城前的 1 月 17 日，美國疾控中心（CDC）及本土安全部已據其專業判斷，發出指令，所有從武漢到舊金山、紐約及羅省的旅客，入境前都要檢驗其有無新冠的病徵，CDC 還加派了 100 名人員到這些機場幫忙進行檢疫。此事的相關文件可在 CDC 的網站找到。

此事說明甚麼？特朗普常說中國隱瞞疫情，要賠償。但中國若沒有一早便通知了美國，CDC 又怎會在 1 月 17 日便對武漢來客要檢疫才准入境？也許特朗普對此事不知情，但美國的衛生部門是知的，1 月 31 日美國還率先禁止中國旅客入境。

事後看來，早已有科學研究發現，美國流行的病株與中國的不同，美國的似是從歐洲傳入，而零號病人究竟在中國還是別的地方出現，眾說紛紜，也許誰是零號病人永遠也不知曉。但有一點我們倒是知道的，我年輕時讚歎美國社會，重要原因之一是

她的嚴謹性，事事求真，但現在連高踞廟堂之上的治國大老，也是信口開河，上竄下跳，但求推卸抗疫不力的責任，此景況使人神傷。

（原刊於 2020 年 5 月 8 日《晴報》）

# 4.6 中美宣傳戰互有勝敗

中美爭鬥其實早已進入短兵相接階段，未來 10 至 20 年影響世界最大的因素之一正是中美關係。貿易戰、科技戰、香港的暴亂、宣傳戰等等，早已展開，未來肯定還有不同的戰場。在宣傳戰中，中美雙方都會希望能擴大及鞏固自己的基本盤，侵蝕對方支持者的支持度，中美雙方都互有戰果。

先把疫情前各國人民對中國的觀感作一比較。2019 年 12 月民意調查機構皮尤 (Pew) 發現，60% 的美國人對中國態度負面，26% 正面，但在 2017 年皮尤的同類調查中，卻只有 47% 的美國人對中國負面，44% 的人正面。由此可知，在特朗普上台後，發動了貿易戰及科技戰，伴隨而來的民粹主義排外思潮已被美國充分利用，美國大多數人對華的態度已變得更負面，這是美國政府所樂見的。

## 西方國家怕中國進步

大多數西方國家，情況也如美國一樣，對華負面態度加強，例如英國從 2017 年的 37% 負面 45% 正面，變為 2019 年 55% 負面 38% 正面。但也有一些國家倒轉過來，例如匈牙利從 45% 負面 38% 正面，變為 37% 負面 40% 正面。至於一些一向與中國關係良好的國家，美國的宣傳倒未能改動人民的態度，甚至有反效

果，俄羅斯是最佳例子，24%負面70%正面變成18%負面71%正面。美國的親密盟國以色列，從2017年的43%負面53%正面，大幅改為25%負面66%正面。中國在非洲人民得到的強大支持，亦繼續穩固。

從上可知，在較發達的西方國家，人民對中國的觀感是退步了的；在經濟較落後的國家，而又非在地緣政治上與中國有利益衝突的，人民對中國普遍有好感，美國的宣傳戰並無成功。

此種局面並不奇怪。中國是處於上升軌道的國家，而她進展之速，大有可能打破世界目前政經秩序既有的均衡，美國是首當其衝，人民感受得到，歐洲國家也會因不知換了美國這「老闆」後自己利益會否受到影響而忐忑不安。在中國周邊的一些國家，如越南、日本等國，一樣也會害怕有個強大的近鄰，就算中國不斷把心肝掏出，說會跟你一直和睦，她們也不會相信。

在手段上，美國的宣傳家確實是高手，我看有兩招。第一招是懂得語言學，知道如何用文字去潛移默化人民。有位叫 Kirk Apesland 的加拿大博客，列出了一大堆美國的歪曲性宣傳用語，頗為有趣，讀者可自行上網看看他的視頻。例如，中國每有官員免職，美國（及香港的一些）媒體便用清算一詞；貪官被捕，不是法制的彰顯，而是他們權力鬥爭失敗；中國搞方倉醫院以抗疫情，他們便說成是集中營；中國借錢予非洲國家搞發展，便必被描繪為把這些國家誘入債務陷阱中；包括美國在內的每個國家疫情數據都會不時作一些調整，但中國一調整，便必定是隱瞞了真相。

## 美國愛以大話冚大話

美國的第二招是用一個謊言蓋過另一個謊言，此方法在近日

美國要甩鍋給中國，可清楚見到。通常是無端拋出一個大話，例如說有大量證據證明武漢實驗室有洩漏病毒，後來眼看全球科學界都認為其胡說八道，於是又改口說中國防控不力等等。通常一個謊言被揭穿要 5、6 天左右的時間，這要視乎謊言的粗劣程度，但在被揭穿時，早已有第二個謊言被準備好推出，人民對之前的謊言也就不追究了。如此做法可周而復始，生生不息，人民觀感被錯誤引導是容易得很的。美國人民對世界事務一般十分無知，比港人更差勁，所以此種厚黑學手段是有效的。

中國方面並不太懂得如何在西方國家宣傳，但疫症之出現卻為中國帶來一些機會。美國雖不斷挑動本國人民及某些西方媒體要向中國「索償」，但美國不少有識之士亦深明這只是特朗普為自己的抗疫失敗轉移視線而已。中國在美國的本科留學生，在 2005 年只有 1 萬人，但到了 2015 年已劇增至 13.5 萬人，這幾年還在繼續增加。據一位在美國的社會學家馬穎毅的估計，現時壓倒性的留美本科生已不再信任美國的安全性，否則他們不會願意冒上在航班上的傳染風險，仍大批逃命回內地。為何他們不信任美國？這還用解釋嗎？特朗普前言不對後語，染病及死亡數據又如此驚人，內地疫情受控的形勢又十分明顯，他們用腳投票以明心志，在性命攸關的問題上，他們十分誠實。

至於國內人民的態度，有個史丹福大學的研究發現，從前內地人民的政治光譜頗接近中間區域，但近年已傾向於愛國主義，這倒是美國的失敗了。西方國家雖對中國態度不那麼正面，但眼見中國急速冒升，她們也需對沖防險。

（原刊於 2020 年 5 月 15 日《晴報》）

# 4.7 美國對華新戰略欠缺成功條件

　　蓬佩奧 7 月 23 日在加州尼克遜圖書館的演講，被視為「四騎士」四篇宣示美國對華政策轉變的演辭的最後一章，其餘三位「騎士」是司法部長巴爾、國家安全顧問奧布賴恩和聯邦調查局局長韋雷。要注意，這些「騎士」尚未包括國防部長或主管經濟的多位官員，特朗普也顯得低調，而且 11 月的選舉以目前形勢看來，特朗普敗北的機會很大，這些「騎士」的職位難保，美國人民及世界各國領袖難免會狐疑，這些宣言性的演講究竟是跛腳鴨政府內某些利益權力集團的意見，還是美國的長遠國策已經有根本性的改變？

　　蓬佩奧的核心訊息是甚麼？他認為中美建交 40 多年以來，美國與中國交往的策略已完全失敗，今後的政策是甚麼？說白一點，是要號召東亞諸國、美國的盟友，以及飽受壓迫的中國人民一起推翻中國共產黨，否則在中國共產黨領導下的中國，會對美國的生存構成威脅。如此殺氣騰騰的說話，除了在北韓等國的領袖口中仍可聽見外，我們很少會在外交官員的宣示中聽到。美國不少評論家對此轉向頗不以為然，但我更強的感覺是美國沒多少人理會這「四騎士」。大家受困於疫情與失業，那有空注意他們說甚麼？

　　這是否外交政策的轉向？在政治論述上，我認為是的，但卻

是換湯不換藥。特朗普發動貿易戰、科技戰，被針對的是包括中國人民與政府的中國整體，不單是中國共產黨，但這次卻要把中國共產黨抽取出來，這是政治修辭上的不同，在行動上，美國試圖打擊中國全國的科技戰與疫情甩鍋仍在持續，亦即遏制中國崛起是她的真正目的，此種行動並無絲毫放鬆。

為何要把遏制中國說成是要推翻中國共產黨？我相信這是因為過往的遏制政策完全得不到美國預期的效果。以貿易戰為例，縱然今年第二季世界經濟深受疫情打擊，總體需求疲弱，但今年6月中國的出口卻仍比去年同期上升了4.3%，入口卻下跌，反映中國這幾個月的貿易順差擴大。科技戰？美國的晶片商出口到中國受限制，卻正提供了市場誘因，迫使中國加大投資發展自己的晶片，美國正在把她企業的顧客變為自己的競爭者。限制中國的企業到美國上市？所得效果是它們轉來香港上市，港交所股價屢創新高。甩鍋戰也打得有氣無力，美國本土染病人數目前已數十倍於中國，而且毫無受控跡象，中國則多省市長期沒有本土個案，美國人民對特朗普的甩鍋宣傳已日漸失去耐性。

要政策得到支持，必須增強政策的認受性。蓬佩奧認為中國人民處於水深火熱中，但哈佛大學 Ash 研究中心歷年來在各國所作的民調，卻發現93%的中國人民對中央政府感到滿意，對省市政府的滿意度也超過七成。皮尤研究中心（Pew Research Center）的多次民調也發現，中國人民有近九成對前景感到樂觀。對中國社會結構有認識的都知道，中國共產黨 9 000 多萬黨員早已融入政府、軍隊與社會各階層，在中國，打倒中國共產黨無異於要癱瘓整個中國社會，這對過去 40 年來幾乎每天都經歷着今天比昨天

生活更好，又對政府十分滿意的中國人民，如何可能有說服力？

　　蓬佩奧的演講欠缺說服力，也在於美國言行矛盾。他認中國共產黨極權，所以要推翻，但人們難免要問，為何沙特阿拉伯皇儲的政府，比中國政府專權得多，前一段時間，他派人公然殺了一名記者，為世界各國譴責，但美國政府卻仍力撐他。由此可推斷，美國政府重視的是利益，意識形態之爭只是次要。這也沒甚麼不對，國際關係本就如此，但從各國政府看來，她們自然也要計算自己的利益，聽從美國這帶頭大哥一聲號召，便走去圍堵中國，要中國共產黨滅亡，中國經濟崩潰，這對她們有何好處？東盟是中國最大的貿易夥伴，她們願意替美國當馬前卒嗎？

　　在軍事實力上，美國自然當世稱雄，但中國集中資源搞防守戰略，近來我讀了好些軍事評論，深信中國龐大的彈道導彈系統、北斗衛星系統與雷達系統結合起來，足可拒美國航母於2 000公里以外，在防守戰上，中國可守得很穩。中美開戰不是不可能，但雙方都討不了好，還是世界和平符合中美遠利益。東亞地區受美國拉攏的國家，恐怕也明白當中得失，她們怎可能替美國打頭陣得罪就在身邊的中國？

　　由此可見，蓬佩奧的宣言，根本無客觀條件支持，最符合中美及世界人民利益的，是雙方走和平合作路線。特朗普若下台，下任總統任務艱難，為美國社會的分裂及崩潰了的經濟療傷已是逼在眉睫之事，更不要說疫情仍未受控。不先搞好自己家園而去盤算怎樣樹敵，這幫官員在美國歷史上會留下污名。

（原刊於 2020 年 7 月 31 日《頭條日報》）

# 4.8 得民者昌
# 中國政府管治的韌性

　　但凡一個國家處於國力急劇上升的歷史階段，我們必可在其社會的多個層面見到勃勃的朝氣。人民或許仍要面對生活中的種種困厄，物質生活尚未豐裕，但他們依然幹勁充足，樂觀快活，自信滿盈。對他們來說，過去的日子已證明，生活一天比一天好，所以明天一定比今天更好。這些人忙得透不過氣來，沒有空去仇恨或妒忌，若是物質產值達到足夠水平，不用擔心自身的存亡後，還會產生對社會不同人等的關愛之心。

　　與此相反的是從高峰走下坡的社會。那裏的人民往往被挫折情緒左右，恐懼被別人超越，事事疑神疑鬼，以為自己的沒落是因有敵人用陰謀算計着他們，殊不知最大的敵人卻是他們自己。這些人着眼破壞，對建設毫無興趣，暮氣沉沉，對前景充滿悲觀。

## 中國快樂人口達 93%

　　當今世界無疑處於百年難得一遇的大變局中，中國與美國處於甚麼階段？也許不同的人有不同的答案，但答案必須建基於一些實質證據，而不是各自憑空猜測。近月公佈的一些數據，可助

我們作出正確判斷。

有一所總部在巴黎的市場研究公司益普索（Ipsos Limited）從 2011 年起一直對 20 多個國家不定期地調查其人民的快樂程度，近日剛公佈了全球新冠疫情仍未消退，在 8 月中的調查報告。其調查包含了不少細緻問題，但最主要的是要被訪者回答自己是「非常快樂」、「相當快樂」、「不太快樂」，還是「非常不快樂」。

在 8 月對 27 個國家的調查中，中國 13% 的受訪者認為自己「非常快樂」，80% 認為自己「相當快樂」，只有 6% 的人「不太快樂」，1% 的人「非常不快樂」。益普索把「非常快樂」與「相當快樂」加起來，指出中國有 93% 比例的快樂人口，高踞 27 個國家的第一名，亦遠高於被調查國家平均的 63%。我一向認為美國人民是快樂的民族，舉止往往大癲大肺，而飽受百年悲情歷史重壓的中國人民較為含蓄內斂，這次卻也要修正思想。與去年 6 月的調查作比較，27 個國家快樂人口的比重下降了 1 個百分點，這應是疫情的影響，中國快樂人口的比重卻在疫情中倒升了 11 個百分點，反映中國人民經歷過封城等嚴厲措施後，鳳凰浴火再生，大家見到國外的慘況，難免慶幸自己成功地重啟到經濟，尚可到處遊玩而不怕疫症，快樂人口比例能不增加乎？快樂人口的增加是否短暫現象？倒也未必。2011 年底，中國快樂人口只佔人口的 78%，可見這比重長遠也上升。

在去年 6 月的調查中，美國快樂人口的比重本與中國相若，但經歷疫情失控死亡人數眾多後，美國快樂人口比例 1 年多便下降了 9 個百分點，今年 8 月只得 70% 的人認為自己快樂。

上述結果與我們近距離的觀察大致脗合，但卻與蓬佩奧等人

的願望大相徑庭。近月美國國務院多次發表演說或聲明，用最極端的字眼把中國政府描繪為一個邪惡組織，全球各國得而誅之，而中國人民則飽受欺凌，亟待外界救其於水火中。但這種與事實相悖的洗腦宣傳有用嗎？美國愈宣傳，中國人民用自身的經歷作比較，便愈發相信蓬佩奧等人在抹黑，自信更強，也更快樂。

## 蓬佩奧抹黑無視現實

所謂孤證不立，益普索只是一商業調查機構，其調查結果是否可靠？我們也應注意，快樂是主觀的，我說我非常快樂，你說你也快樂，是否等於我比你快樂？這未必，因為人與人之間的快樂程度不可互比，所以快樂的排名一般無甚意義，但上述調查中報告了有多少比例的人口自以為快樂，這倒是有意義的，因為快樂的人不會突然跑去推翻政府。今年 7 月哈佛大學的阿殊中心（Ash Center）公佈過一份進行了十多年研究的報告，以量度中共管治的韌性（resilience），其結果同樣意味着美國今天對華外交政策的不智與無效。

阿殊中心的研究，從 2003 年開始至 2016 年，目的是量度每年中國人民對中央政府、省政府及地方政府施政的滿意程度。結果顯示，在 2003 年，86% 的受訪者對中央政府滿意，75% 對省政府滿意，44% 對地方政府滿意；到了 2016 年，對中央政府的滿意度已增至 93%，省政府 82%，地方政府 70%。該研究中心並發現，每年滿意度的上落，與之前的施政是否受歡迎有很大關係。93% 人民對政府的滿意度，是蓬佩奧等反華人士無法面對的，這又剛與上述的 93% 快樂人口巧合地相同。中國內地互

聯網發達，人民對美國的資訊及認識遠超於美國人民對中國的認知，蓬佩奧說過些甚麼，中國人民知道，但顯然他們中絕大多數並不認為自己被邪惡政權置於水深火熱中，美國自說自話的宣傳愈極端，中國人民的心理反彈只會更大。蓬佩奧及他的謀士，的確不是聰明及肯面對事實的人！

走下坡的國家才會害怕事實。近日全球幾份最頂尖的科學及醫學學報，《科學》、《自然》、《新英格蘭醫學學報》及《刺針》等的編輯們，都史無前例地狠批特朗普不重視科學，有些還在替中國辯護。世界是在變了。

（原刊於 2020 年 10 月 16 日《晴報》）

# 4.9 雙重標準

　　我是一個相信理性，尊重事實的人，過去一直有一事大惑不解，為何文革期間一些似乎充滿理想主義激情的人，其行為會變得有若瘋癲？自「佔中」後，尤其是 2019 年黑暴後，卻驀然驚覺，原來文革正在香港上演，現實告訴我們，紅衛兵式的行為不是這麼奇怪，它可能是人性中蘊藏的一種弱點或甚至是卑劣。到了這兩年，把親自見證香港發生之事與西方一些政客的言論相比較，卻又更深地體會到人性中的另一劣行，便是虛偽。這裏先要澄清，特朗普是真小人，且謊話連篇，但不算虛偽，真正虛偽的是另一大批自命站在道德高地的政客。

　　虛偽集中的體現是雙重標準，在這一方面本來英國的政客一直比別的國家領先一條街，但近年美國的政客急起直追，也許已經反超。英國政客有何虛偽？隨便可提出一大堆例子。港人熟知的是殖民地百餘年以來，在香港擁有絕對獨裁權力的人是港督，他由英皇委派，以統治者的身份抵達香港，絕對不是香港人投票選出。也許部分港督的人品不差，例如尤德，他推動了大專院校的發展，但在體制上，港督的制度與民主當然遠離十萬八千里。我對一人一票的民主選舉，近年愈是看出其局限性，但殖民地時期香港並無實行民主制度，卻是鐵一般的事實。有人或許會說，

自 1991 年起，不是有小部分立法局議員是直選嗎？對！但為甚麼要在英國交出權力的前夕才這麼做。既然如此，若英國的政客不持雙重標準，他們便絕無資格在香港政制是否採用民主選舉時說三道四。若是忍不住口，也應在每次評論後在醒目的位置加上一句：「在殖民時期，英國是絕不容忍民主的」，就像香煙包上要印上「吸煙危害健康」一樣。

英國的政客也號稱尊重人權與法治，但殖民政府在這一方面的記錄也不值得稱許。年輕的港人或許不知道或不記得，1967年學生在校園中派發傳單便可坐牢兩年。看看張婉婷的電影《玻璃之城》，也可知 1971 年在維園內參與釣魚台示威，叫叫口號的，也可被那位威利警司帶領的警察揮棒打得頭破血流，並有牢獄之災。當年我有朋友曾遭此劫。前年黑暴期間，英國政客多有讚揚暴力得多的暴徒，真的是講一套做一套。

人權的其中一個環節是不搞歧視。稍上年紀的香港人都會知道，英國人來港工作是有特權的，與華人同一資歷的殖民者，職位大多高得多，第一位華人司級官員，要到 60 年代的徐家祥才出現。學歷上，不是拿英聯邦學位的，哪怕你是學富五車，也只能懇求政府承認。既然如此，今天英國政客在涉港問題上扮成道德重整會會長，能不臉紅？

美國政客在雙重標準上的道行也是高深得很，佩洛西「美麗的風景線」一詞，已成為她個人標籤，美國國會也曾邀請攻入香港立法會的梁繼平為座上客，但包括佩洛西在內的多位美國議員，對闖入國會山莊的暴民無不咬牙切齒，美國聯邦調查局效率甚高，對這些暴民迅速又拉又鎖，繩之於法。這是對的，但這些

政客為何對更加暴力、破壞社會安寧時間更長的香港黑暴又偏心寵幸，對盡忠職守的香港警方人員卻又譴責又制裁呢？

在疫情甩鍋上，美國政客尤見功力。中國去年 1 月初連新冠病毒的基因圖譜也公佈了，這是最深層次的透明度，沒有它，美國的藥廠也無從發展出 mRNA 疫苗。中國抗疫所付出的犧牲與無私，使人動容，1 年前的 1 月底，連武漢也封了城，飛機火車都停止，美國政府今日竟仍在說中國遲遲不透露其抗疫的方法。

中國的方法清楚得很，城也封了，口罩變必須，社交距離，社區隔離等，美國對這些路人皆知的做法置若罔聞，自己搞得一塌糊塗，卻只懂責怪他人，這又是一種雙重標準的極致。我小學畢業時，班主任梁勁謀老師在我的紀念冊上寫下：「待人以恕，律己為嚴。」這也是雙重標準，其含義卻是與美國政客的心態相反的。甚麼時候他們才領略到中華文化的哲理？

為甚麼西方政客的雙重標準這麼氾濫？也許這是因為他們的傲慢，也許是種族歧視，反正他們並不在乎港人對他們的反感。但港人又在乎他們嗎？

（原刊於 2021 年 1 月 22 日《頭條日報》）

# 第五章

# 新時代格局

# 5.1 美國會否對中國發動戰爭？

　　特朗普已對中國發動貿易戰，科技戰的意圖也呼之欲出，將來兩國會否出現軍事衝突，甚至是相當規模的戰爭？在起碼未來10至20年內，中國根本無誘因攻擊美國，所以若是有熱戰，便只可能是美國主攻。但「修昔底特陷阱」的力量真的如此巨大，美國會為了阻止中國的崛起而發動戰爭嗎？此問題事關重大，我們宜從多角度分析判斷之。

　　最近我去了美國南部的名城新奧爾良遊玩了幾天，順便到那裏一所資料甚為豐富的「二次世界大戰博物館」逛了大半天，對美國的軍事史增長了不少見識。因為美國經濟學會年會每幾年便在此開會，新奧爾良市我已去過6、7次，十分熟悉，對那裏極具特色的美食、爵士音樂及法國舍區（French Quarters）十分糜爛頹廢的氛圍也見慣見熟，從前倒是不知有這所資料翔實客觀的博物館，對歷史有興趣的人有機會值得到此一遊。

## 參與二戰前頗猶豫

　　特朗普上任後高叫「美國優先」（America First）的口號，原來美國在決定是否參加第二次世界大戰前，這口號一樣響徹雲霄。這口號在當時很大程度反映美國人民並不願意捲入外國事務

甚至戰爭。美國在第一次世界大戰開戰兩年多後才參戰，但倒也付出不少代價，在戰爭中死亡 53 402 人，加上遇到西班牙流感中了招死亡的人，以及不少人受了傷，傷亡總人數達 320 518 人。不過，戰後美國除了推動並無多大用處的「國際聯盟」的建立外，並無討到多少好處，反而退伍軍人適應新生活有困難，失業、罷工、暴動頻仍，美國人不免要問句以後應否參戰？在 1940 年 1 月的民意調查中，88% 的人反對向德國及意大利宣戰；當年 6 月，反對幫助英國的亦佔 60%。但時勢不斷演變，德軍的戰艦到了大西洋的西邊，幾乎封鎖了美國的東岸，再加上日本在亞太區肆無忌憚地到處侵略，主戰的情緒才日盛。在 1941 年 4 月，贊成參戰對付德意的美國人已高達 68%；同年 8 月，支持向日本宣戰的也有 67%；「珍珠港之役」後，主戰的情緒更激烈。

在二戰初期對參戰頗為猶豫的原因之一，是大多數美國人認為根本打不過德國。30 年代後期，美國軍隊只有 33 萬 5 000 人，德國則有 318 萬人，日本有 85 萬人，強弱懸殊。不但人數比不上別人，軍備也嚴重不足，1939 年 1 月，美國只有 1 700 架軍機。我從來不敢低估美國調動資源及人才的能力，1941 年美國軍人數目已升至 160 萬，但德國也增兵至 730 萬，日本則有 240 萬；到了 1945 年，美軍人數已達 1 143 萬，英軍 510 萬，蘇聯 1 210 萬，德國 783 萬，日本 773 萬，可見當時戰況的慘烈。羅斯福在大戰初期號召要建造 5 萬架戰機，當時被認為陳義過高，不切實際，但美國人卻成功調動一切資源，把美國轉變為盟軍的軍工廠，到了戰爭後期，美國竟共造了 30 萬架戰機！

從美國國防開支也可看到美國軍事化的潮漲潮退。在 20 世

紀初，美國國防開支佔 GDP 的比重大約 2% 左右，一次大戰後期上升至 22% 後隨即大幅回落至 2% 至 3% 左右，但在二次大戰期間卻高達 41%。美國如何籌備這筆軍費？除大幅加稅，便是靠舉債。1942 至 1945 年，美國的財政赤字平均幾達 GDP 的 22%。

## 打仗成本效益太差

二次大戰後與一次大戰後的情況不同，美國已從戰爭中練成蓋世武功，對發動戰爭樂此不疲，韓戰、越戰、與蘇聯的冷戰、入侵伊拉克及阿富汗，在在都需經費，美國又喜歡當世界警察，列根年代又與蘇聯搞軍備競賽，所以美國國防開支（包含對退伍軍人提供的福利）一直高踞在 GDP 的 3%、4% 以上。反觀中國，國防開支佔 GDP 的比例一直處於 2% 或更低的水平，而且十分穩定。

這裏有幾個觀察。第一，在 20 世紀初，美國經濟已超越英國，世界第一，其工業實力雄厚，可快速轉身為軍工廠，今天她的科技更為先進，要加強軍力十分容易；第二，打仗是很昂貴的事，二次大戰的軍事開支與人員傷亡足證此節，打越戰、韓戰已使美國吃不消，在伊拉克及阿富汗甚至敍利亞美國也泥足深陷，但除了以軍事實力支撐着美元，使它成為各國儲備貨幣外，美國靠軍事真正討到的經濟效益也不顯著，與中國開戰，成本效益太差；第三，特朗普雖然狂妄，對經濟原理一竅不通，但他重實利，也許他還想美國當世界警察，但卻要別人向美國交保護費才肯幹。若美國與中國打仗，軍費便恐怕要自付了，這是虧本生意；

第四，戰爭既然昂貴，利用地緣經濟的武器騷擾中國，或在香港搞搞顛覆，才是她低成本的方案，戰爭是下策。

（原刊於 2018 年 10 月 5 日《晴報》）

# 5.2 美國實力的衰落

　　美國政府宣佈制裁香港與內地 11 名官員，制裁本是美國頗常用的工具，但針對的對象，多來自北韓、伊朗、利比亞、阿富汗等地方，現在她把香港看成與這些地方無甚差別，使人失笑。制裁令發出後，相關的官員紛紛表達嗤之以鼻的心情，金管局也發出指引，指出此等制裁在港並無法律效用。我們倒應問問，美國現屆政府自恃擁有甚麼實力，可以自封為世界警察？此種實力是否還存在，或是正在消失而美國不自知？

　　我相信美國傳統上的主要實力有四：一是其軟實力，二是她的科技力量，三是美元霸權，四是擁有強大的軍力。不過，這些力量都在衰退或處於備受挑戰的階段。

　　軟實力包含甚廣，從荷李活電影到其國民中自由的風氣，又或其標榜的曾使無數人嚮往的美式民主的優越性都是。此種實力是要當龍頭大哥所必須具備的，若欠缺了，當小弟的口中稱服，但心中暗自嘲笑，這如何可以領袖羣倫？不過，近年美國的軟實力出了大問題，先是特朗普上台後做了太多出格之事，在國際上退出了多個組織，不再遵守她在戰後制訂的多種規則，在國內則連連說謊，據說有人記錄了他的謊言共有 2 萬多次，世人不免要問，她的民主制度是否可靠，為何選出這樣一位總統？今年在抗

疫工作中，美國以世界上最發達的醫療，最充足的資源，竟然落得個中招的人數全球最多，且尚未見疫情有受控的跡象，這是否使人感到她的組織及領導能力都十分可疑？我不少朋友，年輕時到美國求學，對她所代表的各種先進事物都感到無比興奮，現在見其跌下神壇，不禁唏噓世事之無常，人情之多變。

美國的科技力量確是強橫的，這點毋庸置疑。她科技上的成就主要建基於兩點，第一是已建立並發展了百多年非常有效的科研與教育體制，第二是她在吸收世界人才上的開放性。自 19 世紀後期，美國移植了德國研究型大學的規章制度，創立了約翰霍普金斯大學及芝加哥大學兩所研究型大學後，其科研工作的規章制度便造就了一個能自我更新自我延續，能出大量成果的機制，至今仍運作良好，亦吸引了大量追求科學精神的人到那裏工作及探索宇宙間的奧妙。不過，她近年亦犯上重大錯誤。科學本是無國界的探求，但美國政府卻又突然視所有到美國學習或工作的華人皆為間諜疑犯，必要把他們全部驅趕才後快。這肯定會造成人才流失，美國科技大受影響。據英國頂尖科學期刊《自然》所編的「自然指數」，2019 年中至 2020 年中，美國共有 20 152 篇論文在世界最頂級的科學期刊發表（一篇文章內有不同國籍作者的已按比例處理），仍高踞世界第一，第二名的是急起直追的中國，有 13 566 篇，但要注意，從 2015 年至 2019 年，美國頂尖論文佔世界的比重，共下降了一成，但中國卻上升了 63.5%。以此走勢，美國科技一哥的地位已備受挑戰。

美國地大物博，其經濟發展模式不同大英帝國或西班牙等，無須倚靠掠奪殖民地資源，在二次大戰後，美國還通過「馬歇爾

計劃」幫助各國重建。不過，隨着她的人民每年的消耗總值大於生產總值，她的外貿便出現了數十年的逆差。外貿逆差意味着世界各國一直在補貼美國的消費，這本來對美國有利，但特朗普不明就裏，竟要打壓向她提供補貼的國家，十分愚蠢。為何其他國家肯補貼美國？原因是美國大開印鈔機，把這些鈔票交到別國手上，而大家又信任這些鈔票，願意用之為儲備。

信任總有限度，若像美國近年般濫印鈔票，並用以購買政府自己的債券，以支持其開支，持有美元或美債的人便不能不問，這些資產會否因通脹而貶值？若然如此，為何還不快點減持美元資產，不再信任美元？

這的確正在發生，美元霸權的地位雖尚未至岌岌可危，但信任的裂痕已出現。美國能繼續支撐美元的重要工具便是她的軍力，這也是她防止出現樹倒猢猻散不可有失的憑藉。

美國人民是頗為好戰的民族，從歐洲早期移民到美國的清教徒開始，不少人便把自己看成是天主的選民，北美洲是送給這些選民的生息地，正如聖經上所說的以色列。因此，他們把擴張看成是教化萬民的途徑，19 世紀逐漸佔據了整個美國本土後，過了一段消化期，又對世界其他地方搞擴張。從 1776 年建國開始到今年的 244 年，美國只有 18 年沒有打仗。戰爭可以強化其控制權，但這又是極為昂貴的，每年要用上 7 000 多億美元的開支，大大影響其收支平衡。在經濟惡劣，今年第二季 GDP 年增長率是負 32.9% 的條件下，不削減開支，包括軍事開支，便只有繼續印鈔票，這當然會引致惡性循環，連投資科技以提升生產也沒有資源。一個經濟下行的國家，其軟實力也會大受影響。

為今之計，美國最應做的便是削減開支，削減軍費，把錢用在抗疫及科研上，在世界各地指手劃腳，並無好處。

（原刊於 2020 年 8 月 14 日《頭條日報》）

# 5.3 美國在台海難以遏制中國

美國傳奇記者伍德沃德（Bob Woodward）的新書《憤怒》（*Rage*）未出版前已廣泛流傳，震動美國政壇。這本書根據與特朗普的十多次錄音訪問及多位內閣要員的訪問而寫，其結論是特朗普有關疫情的言論基本上都是謊言，特朗普本人也承認此點。有錄音為鐵證，特朗普是一名大話精這罪名也坐實了，伍德沃德於是認定特朗普完全不配當總統。

這些本也不是甚麼秘密，讀者應早知道我也有相同的判斷，但我有兩點疑惑：第一，特朗普應明白在此記者的錄音機前吐出真言，會重挫他的形象，他為何肯做此蠢事？不要告訴我他天生誠實，因為有記錄以來，美國公眾已找到他說過 2 萬多次謊言；第二，伍德沃德為何在大選前出這書？時機上當然對此書的銷情有利，但伍氏是上了神枱的記者，選此時機會害了給予他訪問機會的特朗普，伍氏在道義上難免會有虧損。

此書有一並不引人注意的細節，但我卻認為它有助了解當前的中美關係。書中有段關於前國防部長馬蒂斯（James Mattis，2017 年 1 月至 2019 年 1 月在任）的描述很耐人尋味。在 2017 年金正恩屢次發射飛彈期間，原來美國官方高層大為緊張，整個情報機構無法判斷北韓是在虛張聲勢還是來真的，馬蒂斯深恐美韓

正處於核戰邊緣，大受壓力，晚上也要和衣而睡，還多次跑去華盛頓國家大教堂祈禱。

馬蒂斯是國防部長，他所掌握的軍事情報當然比我們豐富得多，他在怕甚麼？以美國的軍力，若要夷平北韓，在政治上雖說不過去，但軍事上卻是易如反掌，所以他擔心的核戰，不會是由美方自己主動的第一擊，而只可能是北韓的先發制人，射些核彈到美國去。在一般人的認知中，北韓是否真有實力威懾美國，大家都是不大相信，就算北韓有能力發射出少量核導彈，美國應也有能力一早在太平洋便攔截到。既然如此，馬蒂斯還怕甚麼？細想一下，他只可能是對美國的防禦能力也不是太有把握。美國稱霸大半個世紀，只有她去侵略別人，那曾害怕過別人殺上門來而自己擋不住？現在的美國身嬌肉貴，竟怕有人來碰瓷？

中國的進攻及防衛能力自非北韓可比，美國發動冷戰，優而為之，但她敢與中國熱戰嗎？特朗普上台雖到處撩事鬥非，但他與前任不同，從未發動過一場熱戰，他的考慮似是不願付出費用。若真的有熱戰，地點不外三處，一是香港，二是南海，三是台灣。香港有 8 萬多美國公民作「人質」，美國對港襲擊機會偏低，至於南海還是台灣，那個機會較大，人言人殊，但台灣多了一個因素，便是中國也可能主動出擊，收復台灣，統一中國。若有此一天，美國會如何反應？

今月初美國外交關係委員會總裁哈斯（Richard Haass）與他的合作者在《外交事務》（*Foreign Affairs*）發表了一篇文章，力陳美國應放棄過去行之 40 多年對華的戰略性含糊政策，亦即故意不說清楚一旦內地與台灣開戰美國會做些甚麼，此舉可使北京與

台北都因不明前景而大家都不動。但目前中國軍力大升，哈斯認為美國就算積極支持台灣，甚至參戰，也殊無把握可擊退解放軍（據云中美雙方都曾多次沙盤推演過此種戰局，每一次都是中國勝利。當然，這只是狹義的指台海戰役而不是其他的戰爭），因此哈斯建議美國不再搞含糊政策，而是要明確支持台灣，表明美國會介入，但介入的方法卻不是打仗，而是經濟科技等的制裁。哈斯等認為中國共產黨管治的合法性源於中國經濟的高增長，中國一旦受制裁，經濟便會倒退，共產黨便會完蛋，所以制裁威懾力巨大，中國不敢動。

我很懷疑美國政府是否願意接受這觀點，但它的出現，正反映美國政府的無可奈何。關鍵是中國的軍事資源很大部分用在如何處理台海戰爭並取得地區性優勢之上，以至美國也認為自己在此戰場上打不過中國。過去，不論香港、台灣或美國，都有人不斷貶低中國的軍力，這對中國是絕妙的好事，誰會希望自己的軍事力量被人摸清？香港的黃絲也有此傾向，他們是在曲線助中國一臂之力了。經過多年發展後，中國軍力已非昔日吳下阿蒙，美國也不由不改變策略。

但改為制裁有用嗎？中國一旦收回台灣，其領導人的地位必會如日中天，甚至超越當年的毛澤東，怎會倒台？毛澤東時期的中國一窮二白，政權一樣固若金湯，何況今天？中國的經濟結構早已踏上一個不大需要外需而仍能好好過活的新階段，制裁雖也能損害中國利益，但對外國影響更大，以前我也曾多次論述，不贅！只提一事，近日美國西岸山林大火，烏煙瘴氣，其中一原因，竟是美國去年禁止聯邦政府購買內地的無人飛機，大大掣肘

了防火工作。中美經濟脫鈎的影響，廣泛度及深度都遠超美國政客所想像。

（原刊於 2020 年 9 月 18 日《頭條日報》）

# 5.4 拜登上台後要面對的國內問題

特朗普雖仍在垂死掙扎，但恐怕已是回天乏力。為何他面皮厚如城牆，一直拒絕承認失敗？可能是他有大量的官司纏身，一旦失去總統寶座的保護，既要賠款，也可能坐牢。賴死不走，可用作為與民主黨的談判籌碼，希望可如尼克遜一樣，爭取到特赦。

為何特朗普會敗給拜登？在 5 月底前，我雖對他的作風及政策大有保留，但卻相信他連任的機會頗大。黑人佛洛依德被跪頸致死，他頗有失分，但因左翼民權分子貪勝不知輸，多次暴動搶掠，也引起不少人戒心，所以特朗普也不一定便因此而輸掉。他失敗的最大原因應是抗疫的全面崩潰。特朗普在抗疫中反科學反常識的形象深入民心，當美國每天新增個案是 3、4 萬之時，已可賭他會輸，近日的每天過 10 萬人，不停刷新世界紀錄，賭他輸十分合理，據說賭博公司賭他輸的盤口是 1 比 1.6 左右，拜登輸則是 1 比 2.6 左右，我也因猜中而贏得一頓午飯。我們若回顧世界歷史，可知瘟疫對改變歷史的力量，與戰爭可相提並論。一個國家若戰爭輸掉，領袖的地位大多不保。一場瘟疫襲來，若領袖指揮若定，將其戰勝，可成民族英雄，但若抗疫無方，英雄可變狗熊，下台之路便為他鋪好。

很多人都在問，為何他可得票超過 7 000 萬？這是美國投票

紀錄的第二高。我對此並不感到奇怪，因為知道美國民粹主義的浪潮仍未消退。民粹的特徵是反精英及排外。疫情甩鍋中國有市場，是因為美國排外及種族歧視的人不少，喝消毒水可治新冠也有人相信，是因為這些民粹分子十分反精英反科學。特朗普的粉絲中，有大量福音派信徒，這些人佔了選民的比例可能高達四分一，他們認為特朗普是被上天選作替天行道的人，有此宗教信念推動，這批人的投票率甚高。但特朗普及他的民粹支持者終鬥不過科學，在疫症如此嚴重的情形下仍反智反科學，每天不斷增加的死亡人數總會提醒人民，特朗普式民粹的可怕後果，是無法隱藏得了的。

拜登上台時會見到一個滿目瘡痍的美國社會，他主要的任務便是為被特朗普蹂躪了的社會刮骨療傷。他首要解決的困難是如何控制疫情。特朗普雖然抗疫不力，千多萬人中了招，又死掉20多萬人，但美國的醫療與科學，實力一向強悍，現時世界多種疫苗已近研究成功的尾聲。到拜登上台時，疫苗應已能面世，有望經過一段種苗的時期後，九成多人可免疫，並可大大加快了羣體免疫的速度。不過，在疫苗可充分供應及羣體免疫未成形前，拜登面對的挑戰仍大。

拜登的第二個困難便是社會的分裂與互不信任。在特朗普上台前，這現象早已出現，但在特朗普任內，他與他的官員肯定把這加劇激化。把新冠病毒稱為中國病毒，並故意謊稱武漢封城後仍容許飛機從武漢飛到世界各地，只是顯而易見的煽動仇恨例子。他吩咐「驕傲男孩」先退下來候命，恐怕近日包圍票站的那些人便有不少驕傲男孩這堆極端分子在內。拜登一早已明白要

搞團結不要搞分裂的道理,我估計他要花不少時間在此,會否成功,只能拭目以待。香港那幫捧特朗普為偶像的人,可能對拜登反對分裂的言論大感無趣。拜登絕不會發出美國要攬炒的言論。

第三個困難是經濟。死了 20 多萬人,這本身便已是一個等於超過萬億美元而且無可補救的損失,人命有價值也!美國政府欠債已增至 GDP 的 1.3 倍左右,傳統的工具印鈔票、增政府開支、減稅等,已被過分應用,再推出來也無多少正面作用。美國需要一段時間的休養生息,重新積累資本充實國庫及普通家庭的銀行戶口,很難避免要過一段緊日子。

民主黨經濟政策的套路一早已為人熟知,一個有趣的問題是賀錦麗的經濟理念為何?拜登 77 歲,美國男人的平均壽命也是 77,賀錦麗大有接班機會。我一查資料,發現以學界的系譜而論,賀錦麗應稱我為師叔祖。她的父親叫賀當奴(Donald Harris),是位曾在威斯康辛大學及史丹福大學任教的經濟教授。賀當奴的論文導師是比他只年長一歲、2000 年諾獎得主的麥法頓(Daniel McFadden)。麥法頓是我的師兄,他的論文導師是 2007 年諾獎得主赫為奇(Leo Hurwicz)與奇普曼(John Chipman),剛好此二人也是我的論文導師,以學術世系的準則,麥法頓與我同輩,賀錦麗低了我兩輩。我的科大學生,比賀錦麗高出一輩。不過賀與她的父親似不大來往,左翼的賀當奴的經濟思想對他女兒應無甚影響。

(原刊於 2020 年 11 月 13 日《頭條日報》)

# 5.5 後特朗普時代的中美關係格局

特朗普在選舉的法律訴訟中屢屢敗退，傳說他正在用他的總統特權為他的家人搞特赦，看來他大勢已去，美國快將進入後特朗普時代。世界的政經格局受中美關係影響至大，未來的幾年我們會面對着甚麼樣的一個新局面？

在對華政策上，特朗普最鮮明的標誌便是發動了一場十分無謂的貿易戰。在總統競選時，賀錦麗已向彭斯直斥，美國的貿易戰已失敗了。最近讀到 IMF（國際貨幣基金組織）的前第一副總裁、國際貿易權威學者顧路格（Anne Krueger）的文章，她更坦言美國對華的貿易戰已全面徹底地失敗，用特朗普自己預設的指標，沒有一項是達標的，例如美國對中國的出口，比原先的目標還欠 47%，飛機出口更遠低於從前，達標程度只得 18%。

## 貿戰無損華制度自信

其實在貿易戰的初期，主流經濟學家一早便知特朗普的貿易戰根本不是減少美國貿赤的工具，但當時也有人抱着僥倖心態，以為貿易戰可成為一種逼中國就範的工具，使她改變行為及發展模式。但事實證明，此等主觀願望仍是基於對中國國情的不了解，到今天，我們哪有看到中國在制度問題或核心利益上對美國

有甚麼屈服？有的只是中國耍了些太極，到最後，中國仍是保持了制度自信，連在新冠疫情下還是發展得好好的，在主要國家中經濟第一個反彈，我相信今年 2% 的經濟增長應不難做到，明年應有 8% 以上。

拜登的幕僚很多都不信特朗普那一套有用。貿易戰既然失敗，拜登上任後，有可能把不少關稅逐步撤掉。關稅除了根本不利美國的消費者外，很多都違反世貿組織規定。奧巴馬年代美國搞了個排斥中國的自由貿易組織 TPP（跨太平洋夥伴全面進展協定），但特朗普把它廢掉，現在中國卻與東盟及亞太區多個國家組建了另一自由貿易協議 RCEP（區域全面經濟夥伴協定），規模竟是世界最大的，美國卻並非成員，美國顯然吃了虧。這次失招與特朗普的單邊主義政策有關，他以為美國既是霸主，對各國分開來個別欺負較為容易，所以不願跟從國際組織的規則，但此舉使美國失去不少盟國的信任。拜登有見及此，應不願重蹈覆轍。他可能會做的，是回歸多邊主義，在各全球組織中重張旗鼓。這策略與特朗普不同，目的卻一致，便是遏制中國，換言之，拜登知道美國若要對付中國，實力有點單薄，她需要拉攏多些國家來共同遏制中國。

由此觀之，美國會重回世衛組織，也不會像過去幾年般力圖癱瘓世貿組織，香港政府要求世貿仲裁美國強迫香港商品不能用「香港製造」的標籤，可望有轉機。在世貿框架中，過去幾年的關稅混戰或會部分消退。

## 西方以無端批評紓壓

不過，貿易戰中包含有關稅戰以外的高科技產品禁運，這也是科技戰的一部分。此種禁運，已嚴重打擊了全球的供應鏈，多方受損。美國的芯片公司失去一大片中國市場，未來能否盈利存疑。中國需要的芯片及其他高科技產品受阻，自然也打擊了中國企業的利潤，這樣便不得不使中國（及其他一些國家）重新思考，與美國經濟上互相依存是否風險過大？特朗普一役，已使包括中國在內的不少國家對美國起了戒心，不得不考慮在戰略性產品上走自力更生之路，多作本國的投資與發展。此種趨勢不利各國發揮自己的比較優勢，全球化會有所倒退，世界經濟也會受損，拜登就算要廢掉特朗普的一些政策，別人也總會問，有超過 7 000 萬人投票支持特朗普，會否將來特朗普式的政策會捲土重來？我估計拜登政府或許會放寬一些禁運，但中國已假設美國將來還會搞各種動作，在關鍵科技上增加自我研發的力度，不會改變。

貿易戰科技戰以外還有地緣政治爭鬥。中國近年軍事力量發展迅速，在中國近岸若有戰事，美國討不了好。既然如此，熱戰不易打起來，美國因而要用其他方法遏制中國的冒起。聰明的國家是不會願意在中美之間選邊站的，就算像澳洲此等親美政府，也絕不願失去中國的市場。

在政治制度及意識形態上，西方國家會有不少困擾。中國的制度與她們不同，但經濟表現及抗疫的成績卻優勝太多。一個制度的好壞要由它能否使人民幸福、少災少難來判斷，中國的成功豈不會對這些國家構成重大心理壓力？要平衡此點，無端的批評中國是心理的需要。

中國面對這些局面會怎樣回應？我相信中國已放棄韜光養晦的路線，既然國力已成氣候，便不會忍氣吞聲，會事事針鋒相對。世界未來還會有很多爭吵，這也不是壞事，在經濟或國際關係上有衝突，總比中美雙方在軍事上大打出手好得多。

（原刊於 2020 年 12 月 4 日《晴報》）

# 5.6 RCEP 與
# 中歐 CAI 對中國的意義

過去兩個月，中國一口氣拿下了兩份國際經貿協議，第一個是 RCEP（區域全面經濟夥伴協定），第二個是中歐 CAI（中歐全面投資協定），二者都是中國外交的重要勝利，打破了特朗普政府的經濟圍堵。

習近平是一個善於長遠佈局之人，這兩個協定經營了都有7、8年左右矣。它們對今天的國際經貿、中港經濟有何含義？要答這些問題，我們先要明白近年的國際環境。

## 特朗普貿策愈改愈錯

中國經濟冒升本是可帶動世界經濟增長的好事，但可惜近年美國一些政客一直視中美博弈為零和遊戲，中國的得益便是美國的損失，所以要採取遏制中國發展的政策。奧巴馬政府仍信奉多邊主義，希望聯合其他國家去孤立中國，TPP（跨太平洋夥伴協定）便有代表性，規則由美國主導撰寫，中國被排斥在外，但這策略卻未能拖慢中國發展的速度。特朗普上台，他不喜歡奧巴馬的政策，也認為 TPP 沒用，所以他要改正錯誤，乾脆宣佈美國

退出 TPP，餘下的 TPP 成員惟有改組為 CPTPP，即在 TPP 前面加上全面進步兩個詞語。但特朗普的新政策卻是愈改愈錯，他要搞美國優先的單邊主義，對其他國家都是單對單，大石壓死蟹，國國都要聽他指揮。美國對其他國家的貿易戰，引致多國的反感與戒心，對中國則徹底失敗，特朗普自設的貿易指標沒有一項達標，而且是嚴重的落後，但中國一樣在創造外貿順差新高，在新冠疫情中也是唯一一個 GDP 有正增長的大國。

特朗普外貿政策的失敗，本是經濟學家一早已經預料到之事，我過去幾年也多番撰文指出。在國際上，不能假設他的霸凌主義毫無後果，美國退出 TPP，不但使其他國家對美國的承諾起了戒心，也留下了政治空間促使亞太國家另謀出路。既然美國靠不住，而且她只顧自己利益，欺壓別人，那麼亞太區的一些國家自組另一自由貿易協議自然順理成章。以前奧巴馬搞合縱，中國後來也可搞連橫，但合縱連橫也須看看是否符合各國的利益。中國是世界 130 個國家的最大貿易國，只有 70 個不是，從經濟利益角度看，很多國家都會希望與中國締定貿易協定。澳洲、日本、南韓等國雖與美國是盟國，但為自身利益，也理會不了美國，乾脆都加入了 RCEP。

在亞太區建立一個大型的自由貿易區，美國竟然缺席，這是很奇怪的，但這也反映美國影響力在亞太區的衰落。同樣情況也在歐洲出現。歐盟每半年輪流換一個主席國，2020 年下半年德國輪任，默克爾大力催谷中歐 CAI，要趕在年底前拍板。這個時機選得很巧妙，去年年底正是美國權力青黃不接之時，特朗普失去總統寶座，整副精神放在如何奪回權力之上，拜登則未上任，

法例上不容許他干涉外交，歐盟正想快點把生米煮成熟飯，不理美國的反對，早日與中國達成協定。

## 美國更難阻中國發展

　　除了外交利益外，中國從這兩個協定中也可得到實質的經濟利益。RCEP 成員國除了東盟十國外，尚有中國、日本、南韓、澳洲、新西蘭，其總 GDP 是世界 30%，人口也是世界 30%，是世界最大的經濟貿易體。各國同意，九成的關稅會歸零，其餘的 10 年內逐步削減。光是這個 RCEP，已等於把中國的本土市場擴充了 90%，大大有利於中國新制定的「雙循環」國策。根據此國策，中國以發展國內的商品交易為主，但不放棄並努力擴大國際貿易。有了 RCEP，美國想在經濟上孤立中國，到頭來可能是孤立了自己。中歐 CAI 也可作如是觀。我們甚至可預期，中國不單要與歐洲簽訂投資協定，使雙方的相互投資更廣泛，而且還會商討中歐間的自由貿易協議。此外，中國也必然希望填補 CPTPP 美國離開後空出來的位置，到成功之日，中國便是在亞太區、歐洲、美洲（美國除外）、「一帶一路」國家，全都有了緊密的自由貿易區，佈局便可完結，美國更難阻礙中國的發展了。

　　香港在 RCEP 有沒有角色？香港顯然也想加入成為成員國，中國亦大力支持。這有何好處？這 15 個國家的貿易額會顯著增加，香港作為轉口港，可分一杯羹。RCEP 區內貿易會因關稅減少而有所改變，生產基地也可能有變，新的物流業供應鏈會出現，香港的核心技能也包括供應鏈的管理，這也是香港的機遇之一。國際貿易背後有金融業支撐，這方面對港當然是有利了。不

過，香港也不是沒有競爭者，例如中國與東盟的貿易很多都是通過廣西的幾個貨櫃碼頭進行，不一定會來香港的。將來香港能否好好利用 RCEP 的機遇，我們也只能拭目以待。

（原刊於 2021 年 1 月 15 日《晴報》）

# 5.7 拜登即位後面對的困境

特朗普倉皇辭廟，拜登終於宣誓就任美國總統。這位被內地網民稱為川建國同志的前總統，留下了怎樣的一個爛攤子給拜登？在國內，新冠疫情未了，每天等閒 20 萬人中招，死亡總人數 40 多萬，已超越二次大戰美軍陣亡人數。疫苗雖已開始接種，但分配過程一片混亂。美國政府債台高築，只能乞靈於發債捱過難關。經濟去年鐵定是負增長，失業人數居高不下，不少家庭無隔日之糧，要去領救濟品。在國際上，美國作為民主燈塔國的公信力大跌，建國同志雖已離任，但他曾得票 7 400 萬，不能說他或與他近似的人 4 年後完全沒有回朝的機會，飽受他霸凌的外國政府，怎會不對美國有戒心？表面上附和一下美國，虛與委蛇一番還是必須的，但總會防上一手。

但上述的只是可見的外傷，這些外傷雖也使到美國傷痕纍纍、流血不止，但更嚴重的可能是內傷。曾著有《歷史的完結與最後一人》、史丹福大學的福山，本來認定美國制度已經完勝，但近年觀點已在事實面前不由不悄悄地轉變。他近日便在美國雜誌《外交事務》發文哀嘆美國的政治是否已腐爛到了內核？

## 民主政制 難阻利益集團形成

為何福山如此感觸？他指出美國政制受到兩大因素所困擾，以致呈現衰敗。讀其分析，不少地方都似曾相識，將其套之入香港也頗為合適。

第一個問題他在 2014 年已撰文論述，是美國的建制早已腐敗不堪，內中的精英忙於作出各種交易以謀私利，大眾對此反感但無甚辦法。當美國政壇出現了左翼的桑德斯與右翼的特朗普兩名極端人物，可理解為人民對現狀的抗議，希望清洗一下政壇頹風。但事實證明，把一名不信科學、不信精英、滿口謊話的民粹主義者擁入白宮，只會把事情弄得更糟。其實特朗普的教訓也足可警戒糊塗的港人，找一些不夠班的破壞王進入建制，香港也會飽受蹂躪，最後損失的是港人，區議會的現狀不是說明了問題嗎？

福山的憂慮與一位去世 20 多年的經濟學家奧爾遜（Mancur Olson）在其傳世巨著《國家興亡》一書中的觀點頗有相通之處。奧爾遜分析了多國的政治發展後，認為民主政制往往抵擋不了利益集團的形成。每個利益團體的人數通常不多，他們謀取自己利益時，常會損害公共利益，但前者因人數少，就算每人獲利甚多，公眾也不一定察覺，因後者的損失由很多人承擔，平均起來，每人的損失便十分細小。由此之故，利益集團成員有誘因花大工夫去遊說影響政客，甚或與他們達成交易，而公眾則不作此舉，久而久之，政策與法例便會向利益集團逐步傾斜，積重難返。美國的軍事工業集團、社交媒體集團及金融集團影響力巨大，政客有巨大誘因維護這些集團的利益，沒有這些財雄勢大的

集團支持，選舉不易取勝。

我們若把拜登視為奧巴馬時代的延續，問題便突出了。當年人民選了特朗普如此離經叛道的人入主白宮，正是代表對建制的不滿，現在雖然證明特朗普是一個糟糕透頂的選項，但並不表示回復過去，問題便會消失。由是觀之，我對拜登能否為美國社會一洗頹風，並不樂觀。

## 社交媒體乏監管　致集體失智

福山指出的第二個問題是通訊科技進步帶來的破壞力。他對社交媒體對美國社會的損害，意毒恨之。最使他感歎的是，美國原本擁有的一種以事實為根據去判辨政策對錯是非的態度與制度，已日漸消失，大眾在爭論政策時，根本不理事實證據，只談立場，而立場取決於身份認同，身份認同又源於在互聯網中自己與哪些人在圍爐取暖。無根無據的極端思想容易滋生蔓延，很多人像信了邪教般支持自己的教主，對意見不同的人則極盡指罵。福山認為美國社會犯了一個巨大的錯誤，一開始時便不應容許互聯網巨頭擁有如此大影響力的平台，以致現在美國人思想混亂，陷於失控。他舉了些例子去說明問題的嚴重，77% 的共和黨人現在還是相信今次的選舉有嚴重舞弊，而且四分一的共和黨人，相信美國的政治與媒體由一羣信奉魔鬼的精英把持着。對於福山這樣一位學者而言，社交媒體特有規則所造成的迴音廊現象及由此而來的集體失智，是使人十分痛心的。

福山是一個從美國利益出發的人，但他對通訊科技沒有受到監管所帶來的破壞，觀點卻與內地有關當局相當一致。眾所周

知，內地根本不批准 Facebook 等媒體在內地生根，這是否有先見之明？從這些角度去分析美式民主，我們也可知道一人一票的民主選舉制度內中實存有大量缺陷，練此功法，稍一不慎真氣便會走入岔道，走火入魔，美國已顯露此現象。

拜登上台後要面對這一大堆問題，正是內外交困，中國應該只管做好自己，盡量避免受美國拖累。

(原刊於 2021 年 1 月 22 日《晴報》)

# 5.8 以中國智慧看中美關係

　　世界政經格局已經出現本質性的變化，中國在進，美國在退，表面上美國在世界各地似仍採取不少攻勢，但其心態已是防守性的，只是用的手段是以攻為守，以圖可防守得更久。若無此心態，為何美國政壇的一些政客，老是把中國看成是美國生存的威脅？

　　中美實力本來強弱懸殊，20 年前的 2001 年，美國 GDP（以市場匯率計算）是中國的 7.9 倍，美國有些極右政客看不起中國，當時曾建議以軍事及經濟手段逼中國屈服。但中國倒是國運昌隆，幾件歷史性事件幫了中國的大忙。2001 年的 9.11 事件，使到美國急於反恐，中國立刻也加入反恐行列，這便替中國化解了 7 年來自美國的壓力。2008 年金融海嘯，美國自身難保，還要乞求中國繼續買美國債券使其經濟勉強撐得住，這又替中國買來了 7、8 年的發展空間。2016 年，美國的民粹主義造就了特朗普，此人政策錯亂，長遠對中國有利，我 3 年前在《信報》有文為證，題目是〈貿易戰是特朗普送給中國的禮物〉[1]，內地網民亦以「川建國」或「建國同志」稱呼特朗普，以感其對中國貢獻之情。提到

---

1　編按：見本書第 1 章。

此事，並非想誇耀自己有先見之明，「見日月不為明目，聞雷霆不為聰耳」，知道明顯的事實不值自誇，只是不易理解香港反對派的判斷為何如此蠢鈍而已。到了 2020 年，新冠病毒把美國弄得五勞七傷，而中國卻因抗疫成績卓越，國人對政府的支持度大升。看來美國還要 2、3 年才能擺脫新冠的後遺症。如此一來，從特朗普上任以降，中國又共多獲 7、8 年追趕美國的時間。

## 韜光養晦 已非吳下阿蒙

中國靠的當然不止是運氣，正確的政策才是真正的關鍵。眾所周知，中國過去採用的國策是韜光養晦，根本不想與美國爭鋒，這符合《孫子》所云：「不可勝者，守也」。美國若有挑釁，中國只是虛與委蛇，就連 1993 年的銀河號貨輪事件及 1999 年美國飛彈炸毀中國駐南斯拉夫大使館，中國也能忍辱負重，「卒然臨之而不驚，無故加之而不怒」。但同一時候，中國也在臥薪嘗膽，努力厚殖國力。到了 2020 年，中國的 GDP 已追至美國的四分之三，若按購買力平價計算，2014 年時甚至已超過了美國，中國早非昔日的吳下阿蒙。

特朗普對中美實力的此消彼長並無足夠的認識，他對其盟國及中國的態度，還自以為美國仍處於「力拔山兮氣蓋世」的階段，事事以美國優先，搞單邊主義。到拜登上台，他面對的卻赫然變為「時不利兮騅不逝」。嚴格來說，他只是在中美關係上發現「時不利兮」，惟有盼望像項羽般有不會棄他而去的烏騅馬。這匹烏騅馬便是美國的盟國，拜登已認識到單靠美國已再無法遏制中國，必要再拉攏盟國，甚至組成「冷戰同盟」，但不要忘記，《垓

下歌》有詩為證：「雖不逝兮可奈何，虞兮虞兮奈若何」。拜登是否已無可奈何？美國的盟國是否要跟着指揮棒舞動？要看三個因素。

第一是實力，包括軍事與經濟力量。在軍事上，美國仍佔強大優勢，但對其盟國，她不大可能用兵，倒是在美元霸權等問題上，美國影響力巨大，其盟國也不敢太過逆其龍鱗。

第二是利益，尤其是經濟利益。此點美國已日陷劣勢，中國經濟實力快將超過美國，已幾乎是歐洲及亞洲國家的共識，世界200個國家地區中，130個的最大貿易夥伴是中國，不是美國，你叫這些國家在利益上如何取捨？

## 西方媒體　極力抹黑中國

第三是價值觀，亦即美國的核心戰略。美國不停鼓吹自己與盟國有着共同的價值觀，即民主、自由、人權云云，與中國這一「邪惡」國家的價值觀迥異，所以美國的盟國應該聯合對付中國。在美國領導的西方媒體中，對中國強加負面政治修辭的描述，我們已見怪不怪，我只是懷疑，西方的政客是否真的相信這些描述？她們的真正決策者恐怕也早知這些只是自己製造的假消息，我們見到美國政客對攻入國會山莊的暴徒與闖進香港立法會的暴徒態度南轅北轍，完全的雙重標準，便知其虛偽。美國在中東及北非，殺掉了無數的回教徒，但美國竟仍敢偽造「證據」，說中國在新疆對維吾爾人滅族（實際上維吾爾人人口增加速度遠超漢人），其實中美政府雙方都心知肚明，這些假新聞只是一種武器，歐洲及亞洲的政要難道會不知嗎？所以價值觀一說，恐怕也作用

不大。

　　面對拜登重搞多邊主義去遏制中國，中國也要調整政策。經濟上要先立足於可站穩腳跟的「內循環」，再而保持開放性搞「外循環」。中國低調，「善戰者，無智名無勇功」，但卻又靜悄悄地合縱連橫，成立了世界最大的自由經濟共同體 RCEP，又與歐盟拍板了投資協定 CAI，把東盟、歐盟等經濟體變成與中國一起的「人類命運共同體」一部分。

　　不過，對一些公然緊跟美國指揮、損害到中國利益的，中國也採用敲山震虎，殺一儆百的方法，懲罰澳洲便是例子。對台灣這一中國最關心的問題，可能不久的將來還會關門打狗，完成統一大業。美國雖會反對，但收復台灣正可成為殺雞儆猴的手段，讓美國政府知道中國人民是惹不得的，但中國當然也懂得等待，「以待敵之可勝」。

（原刊於 2021 年 2 月 5 日《晴報》）

# 5.9 拜登可用的三種對華手段

　　拜登上台後，外交政策似有三個重點，一是修補被特朗普破壞了的與盟國關係，二是重新加入國際組織，三是延續對華的強硬態度。三個方向的核心其實都是在於遏制中國的崛起。

　　這些政策並非新生事物，奧巴馬年代已有，拜登只是蕭規曹隨而已。但奧巴馬的政策遏止不了中國的冒升，特朗普用極端的政策，後果更糟糕，中美實力差距進一步縮窄，拜登老調重彈，但彈得響嗎？拜登把中美關係定位為競爭關係，競爭甚麼？按照常理推測，應是指如何維持美國在國際上的影響力或外交上的主導地位，此種影響力或地位亦可為美國帶來經濟利益。

　　要達到此等目的，美國可有甚麼手段？我相信有 3 大類手段，一是軍事實力；二是利益，尤其是經濟利益；三是意識形態軟實力，亦即西方社會常提及的自由、民主、人權等所謂「普世價值」，並將此等軟實力武器化。但這些策略能扭轉美國相對實力走下坡的態勢嗎？

## 中國國防穩固　能抵美國攻擊

　　中國對這些板斧其實十分熟悉，因為中國漫長的歷史中早孕育出相關的智慧，當中又以戰國的歷史最集中演繹過國與國之間

可如何博弈。打個岔，近日斷斷續續的觀看內地四套有關大秦帝國的長篇電視連續劇，其製作認真，當中時有使人驚喜的亮點，例如《大秦帝國之縱橫》中張儀的連橫戰略，其對手是搞合縱的公孫衍，而非《史記》中所說的蘇秦，一個歷史劇有膽量挑戰司馬遷？有的，它是根據 1973 年出土的馬王堆《戰國縱橫家書》的資料，當中顯示，蘇秦是晚期得多的人。

在戰國的博弈歷史中，秦國在立國的頭 500 年內是一個貧窮落後的國家，在秦孝公（前 362 至前 338）初期，仍被魏國欺凌，及後秦孝公得商鞅變法，才轉弱為強，國力冒升。商鞅後來雖因得罪了太多宗室被車裂而亡，但秦孝公的兒子秦惠文王一樣沿用商鞅的新法，並重用張儀在大國間利用利益軍力與外交搞同盟，以應付公孫衍的另一批結盟國家。這時秦國已有足夠的軍事與經濟力量與強敵周旋，其他國家本看不起秦國，到了這時期已變為害怕了。當中很多歷史細節與權謀，可為要明白國際關係的人提供不少參考。

言歸正傳，美國軍力超強，軍費接近 GDP 的 4%，中國則不足 2%，若論軍費絕對值，美國近乎中國的三倍。不過，美國手伸得太長，全球近 800 個海外軍事基地，經常性支出龐大，致使特朗普也希望削減開支及要求其盟國分擔美國軍費。反而中國的軍事力量集中在防守上，省錢得多，軍事開支佔 GDP 的比重十分平穩，GDP 上升才增加軍費。上世紀八九十年代，蘇聯的經濟被軍費拖垮了，今天美國欠債纍纍，若不把軍費轉為發展經濟，會否角色轉換，變成她的經濟被軍費連累，而中國卻變成當年的美國？要注意的是，今天美國軍事力量雖遠勝中國，但在防

守戰上，中國中程導彈及人造衛星技術的一連串突破，已經對美國航母有嚴重威脅，美國已無把握在中國海岸 2 000 公里內佔有優勢。這便足夠了，中國並無遠洋擴張的意圖，美國的軍力也就奈何不了中國，中國自己守得住，在外交上便可腰骨挺直了。

在國際間的經濟利益上，美國明顯處於下風。世界 200 個國家中，130 個的最大貿易國是中國，不是美國；而且中國每年新增的資本冠絕全球，可到處投資或助人基建；中國的中產階級市場亦正在急劇擴大。這些條件都是美國所沒有的。

軍事上奈何不了中國，經濟利益上輸給中國，美國搞外交便只能由實變虛，以所謂「普世價值」團結盟國，打擊中國的武器。此種取態，戰國時也曾有過。孟子見梁惠王，王曰：「叟！不遠千里而來，亦將有以利吾國乎？」孟子對曰：「王！何必曰利？亦有仁義而已矣。」孟子的仁義道德，套在今天可以變成自由、民主、人權。國與國間若有重要共同利益，根本不需要價值觀作基礎去結盟，若利益不足，才需滿口仁義道德。

## 美國「仁義道德」 呈雙重標準

不是要放棄仁義道德，這些還是要講的，但美國訴諸於所謂「普世價值」，卻有重大紕漏，不見得能起多大作用。美國的問題是常抱雙重標準，有口說別人，無口說自己。美國的建制對攻入國會山莊的暴徒毫不手軟，但對佔據及破壞香港立法會的黑暴卻稱為民主鬥士，這怎麼不叫人懷疑其動機之虛偽？美國的知識界已在反省「阿拉伯之春」對北非及中東的國家帶來災難，美國在這些地方大肆破壞，受害的多是回教徒，但她卻為了打擊中國的

絲綢之路，製造假新聞說中國在新疆搞種族滅絕。其實維吾爾族人口增長率遠超漢人，如何能有種族滅絕？內地有幾名大紅大紫的維族美女影視明星，她們身形瘦削苗條，穿衣甚少，內地有網民笑稱她們可被西方社會描繪為被迫害至衣食不足！西方媒體有關新疆的報道，已被內地人民視為笑話，此點我有同感，因為它們對香港的報道，同樣使我們知道是在胡說八道。美國的仁義道德策略我也不看好。

我深信中美之間本來不應有利益衝突，合作共贏遠比互相對抗要好。美國早已失去遏制中國冒升的機會，若勉強為之，卻可能把中國變成自己的敵人，成就了自我應驗的預言，十分不智！

（原刊於 2021 年 2 月 19 日《晴報》）

# 5.10 中國人民對美態度的轉變

　　中美兩國合則共榮，若和平地競爭，也無不可；但若兩國劍拔弩張，雙方甚至世界，都會蒙受巨大損失。最近美國全國商會發表的研究顯示，中美如果脫鈎，美國光是每年的經濟損失便會以千億美元計算。不過，「修昔底德陷阱」的影響力不容低估，美國朝野對中國國力快將超越美國這一幾乎必然出現的態勢，十分不安，雙方和諧合作這一路徑，不會是坦途。

　　中美關係惡化，在特朗普任內已明顯出現。貿易戰與科技戰，美國討不了好，現時似集中火力在新疆與香港等問題的宣傳戰上，軍事衝突的可能性雖然不高，也不可以說是零。特朗普任期結束前夕，蓬佩奧派遣前駐聯合國大使克拉克訪台，傳說幾乎引致中美軍事對峙，克拉克的專機在美國盤旋幾個小時後，終不敢冒險赴台。現在拜登執政，正如預料，美國政府對華的敵意並無消減，只是方法有變而已。推斷雙方未來關係的發展，除了政府與政府的關係外，尚有兩國人民的態度這一重要維度需要注意。

　　在三四年前，從美國的民調可知，美國人民對中國的態度還算是正面多於負面，雖然一般美國人對中國的認知頗為淺薄。中國人民對美國的看法倒是相當正面，不但承認美國是世界軍事、

科技與經濟強國，而且無數家庭還把希望都寄託在把孩子送到美國讀書之上。十多年前，我們暑期坐飛機從港飛美，常可見到滿機都是十來歲的少年人，他們都是內地孩子，參加到美的遊學團，以增加其將來被美國大學取錄的機會。

## 蓬佩奧辱華　為中國增加愛國者

但今天此種形勢已大變。美國人民對中國就算不一定懷敵意，也較前冷淡得多。中國人民的改變恐怕更大，以前崇美，在很多地方想學習美國，慢慢變成把美國看得不外如是，甚至當作是笑柄，對美國政府及傳媒一些辱華之言，大表憤慨。美國涉及香港及新疆的言論，在中國不但沒有市場，更被認定為別有用心的策略。來自民間的反美情緒逐漸取替了崇美羨美親美，正如一位居於加拿大的美國網紅評論家所言，蓬佩奧每一次的辱華言論，都為中國增加一批愛國者。美國政府及傳媒的反華及攻擊中國政府的宣傳戰，在中國人民中可算完全失敗，反效果明顯。日前我一位舊同事、今天清華大學的大教授李稻葵，與芝加哥大學商學院的同行網上訪談時，被問到希望內地學生如何對待美國，他表示會勸告學生面對美國製造的困難時應更努力學習美國的優點。稻葵此言正確，我們理應培養年輕人懷有開放的心靈，別人有優點便應吸納，這才是一個民族的自強之路。稻葵的答案也反映出在中國的年輕精英中，已出現一種美國不外如是、不值得學習的情緒，這與好幾年前的情況，反差很大。

為何形勢有此變化？這絕非中國宣傳所致，事實上中國官方還很鼓勵年輕人到美留學和在商業及科技上多合作。中國人民當

中，尤其是年輕人，懂得英語的很多，看其電視、互聯網及報章的評論，可知中國人民對美國國情的掌握遠超過美國人對中國的了解。後者大多中文也不識，從未到過中國，十分倚賴西方媒體的報道，若媒體出現了系統性的偏頗，美國人對中國的印象便會大受影響。反之，在中國人民心內，美國原本高大的形象瞬間崩塌，倒是基於幾件無可爭議的客觀事實。

近數 10 年來，中國的人均收入每年都在迅速增長，人民大多認為未來生活比今天會更好，國際上一些民調也證明此點。新加坡有位知名的外交家與學者，更直言中國最近的 40 年是她4 000 年歷史中最好的一段時間，哈佛大學 Ash 中心一份長期研究更指出，有 93% 中國人民認同中央政府，這比世界上絕大多數國家的人民認同政府的程度高得多。但自特朗普時代開始，美國高級官員便一直攻擊中國政府，蓬佩奧等人更稱中國共產黨為邪惡。中國人民親身經歷了生活水準上升，貧窮被徹底剷除，貪污被大力遏制，再聽聽美國政府同時宣傳中國人民是如何的被壓迫，心理反差會何其巨大？信美國的政客還是信自己的經歷？

## 美疫情失控　不自我檢討反責華

中國近年科技的進步呈井噴式出現，5G、北斗衛星、網購、人工智能、電子支付及高鐵等，快速建立中國人民的自信，美國政府打壓華為與抖音等企業，更使他們認定美國是在怕，根本想防止中國超越美國。此種心理難免使他們確認美國在科技上並非不可被超越。但影響更大的客觀事件，倒是中美兩國在抗疫上差異極大的表現。在 1 年前，中國抗疫最艱苦的時候，美國沒有援

手，反抱幸災樂禍坐等中國崩潰的態度；到美國疫情完全失控，不檢討自己政策的災難性失敗，卻反而挑起種族主義轉移視線責怪中國。今天，中國的抗疫成績遠勝美國已是全球共識，這在中國人民的心理影響及對政府的政治認同上都非同小可。

這些轉變對美國造成很大的尷尬，美國信奉民主，也宣稱支持別國搞民主，但在中國，人民卻擁護一個飽受美國政府攻擊的政府，而且不再相信美國的制度。此種矛盾，無法化解。美國若選用錯誤政策，可能把 14 億人變為敵人，大大不利美國。

（原刊於 2021 年 3 月 12 日《晴報》、《香港經濟日報》）

# 5.11 未來中美關係的兩個里程碑

我一直深信，中美關係的變化在未來的十多年都是影響香港的一個重要因素。中美經濟的互相依存程度雖遠比以前為深，但若論美國政客與應聲而動的美國媒體，其對中國的敵意卻是 50 年來今天最強烈。

經濟上美國如何依賴中國？在疫情中可見一斑。美國政府近日突然發現，接種疫苗的注射器有八成來自中國，這一年來，中國也供應了 300 多億個口罩給美國，中國一旦翻臉，美國的抗疫大計會大受挫折，不知死亡人數會增多少？

50 年前，中國熱正開始在美國流行起來，到過中國訪問的華人或其他人等，都成追捧對象，中國到美的表演團體，例如瀋陽雜技團，表演場所全都爆滿，美國媒體紛紛稱為世界最精彩的節目。美國思想界中也有一種思潮，把中國看成是一個烏托邦式的世外桃源，就連歌舞劇《東方紅》在全國校園放映時，大多都會座無虛席，我在芝大的校園內見到，電影完畢時，在場的老外都不約而同唱「國際歌」。要知道，當時中國仍處於文革時期，不少人民生活痛苦。就算在中國熱退潮後，美國也視中國為爭取對象，以助其遏制蘇聯，美國對中國的政治修辭還是釋放善意多於敵意。為何今天美國政客老是想着要跟中國脫鈎？美國的宣傳機

器也不斷抹黑中國，甚至濫用假新聞製造經不起推敲的謠言也在所不惜，為何？

按美國政客或主流媒體希望傳達的理由，該是指中國政府獨裁、不斷地違反人權，所以美國要替天行道，譴責中國。先不理會此等理由是否毫無根據或是自欺欺人，單是邏輯上已有嚴重硬傷。在文革期間中國人權狀況比今天糟得多，為甚麼美國當時要積極準備與中國建交，今天中國有 93% 的人民支持中央政府，每年以億計的人口出境旅遊公幹讀書後，又幾乎所有人都選擇回國，美國的建制，今天卻反而向中國揮舞着利劍？美國歷史上對世界多個獨裁政權都十分友善，那會像對中國般用盡吃奶之力亂罵一通？

此等雙重標準自然是因利益而起。以前中國國力不彰，對美不構成強大威脅，自然可以成為拉攏圍堵蘇聯的對象，但今天中國國力發展速度快得美國政客害怕，態度轉變也在情理之中。此等狀況要多久才能結束？

在 19 世紀末美國國力剛超越英國時，英美之間的關係也十分欠佳，直至第二次世界大戰後，美國明顯勝出英國，英國才承認美國的領導地位。以現時的走勢看來，中國國力大幅超越美國，很可能只是時間問題，但要多久？有兩個里程碑值得我們注意，一個是 2030 年，另一個是 2035 年。

衡量綜合國力的標準很多，最簡便的是 GDP，此指標若夠高，不但代表經濟實力雄厚，也意味着科技、軍事、教育等發展一樣頗有成績。比較 GDP 有兩種常用方法，中美兩國都用自己的貨幣計算 GDP，2020 年美國的 GDP 估計為 20.93 萬億美元，

中國則為 101.6 萬億人民幣，假設去年匯率為 6.9 元人民幣兌 1 美元（6.9 其實偏高，平均數實際低一點），中國的 GDP 以市場匯價計算便是 14.72 萬億美元，等於美國的 70.4%。

但因中國平均物價遠低於美國，1 美元在中國的購買力高於在美國，若按這因素調整，便是所講的購買力平價 GDP。2020 年，按國際貨幣基金的估計，中國的 GDP（購買力平價）是 24.16 萬億美元，歐盟是 19.4 萬億美元，美國的數字如上不變。

英國有研究機構月前認為在 2028 年按市場匯價計，中國的 GDP 便會超過美國，這種可能性是存在的，但我們可稍為保守，把它推遲兩年至 2030 年，中國的年均經濟增長率只要比美國高出 3.58 個百分點便可，這倒是不難做到的，過去的平均記錄遠超於此。換言之，世界如無重大不可預料的變故，到了 2030 年中國便是名副其實的世界經濟一哥了。

美國很可能不接受這一現實，要有更明顯的成績，美國才更難否認。用購買力平價計算，中國 GDP 早已超過美國，而且更震撼的是，中國的 GDP 有力超越美國加上歐盟的總和，即一國挑戰整個西方世界。在 2020 年，以購買力平價計算，美國加上歐盟的 GDP 比中國高 66.8%，在 2035 年中國便可追上，所需的條件是中國的年均增長率高出 3.4 個百分點，這對中國來說，並不困難。就算達不到，拖後幾年才超越，又有何妨？

倘若中國的 GDP 等於歐美的總和，這顯然又是一個里程碑。到時，亦即 2035 年，中國的人均收入仍然只等於美國的一半左右，但中國有消費力有知識及生產力的中產階級卻已遠多於美國或歐盟，中國也是明顯的世界最大的市場。

當到達了第二個里程碑後，歐洲國家為了自身利益，會更義無反顧的與美國保持距離，美國也會不情願地接受現實，亦即美國的一哥地位已難以為繼，為了虛名而損失實際與中國合作的利益，並不化算，到時很多攻擊性的政治修辭，會自動收斂。

（原刊於 2021 年 3 月 5 日《頭條日報》）

# 5.12 安克雷奇的中美攻防戰

　　中美外交要員在人口不到 30 萬的「小鎮」安克雷奇（Anchorage）舉行的會議，很可能會被視為中美關係的一個里程碑。會議所在地 Captain Cook 酒店，我 4 年前住過，它毫不起眼，但這更襯托出雙方攻防戰的精彩百出。中國的網民雖對布林肯及沙利文的能力頗有輕貶，但我看了幾次錄像後，倒是認為他們並非尋常之輩，發言內容處處暗藏殺着，不可輕視，只是他們遇上了一個紅臉一個白臉的兩位絕世高手，被剋制得慌張失措，大敗而回。就連當作配角的翻譯員，中國也突然冒出個技驚四座的冷艷美女張京，她所作的翻譯雖有小地方我不甚同意，例如「倒打一耙是不行的」譯得不夠霸氣，但她一樣完勝美方那位也是翻譯界高人的紫髮婦人鍾嵐。張京一開口不但使她立時紅遍網絡，也同時使人感到中國人才庫的深不可測。

　　美方對這次會議本來打着甚麼如意算盤？面對中國的崛起，美國較為符合自身短線利益的策略是合縱連橫，拉攏其他國家孤立中國，奧巴馬年代的「泛太平洋夥伴」（TPP）便是依從此種思維。到了患有惡意自戀症的特朗普，美國政府自以為所有國家都要屈從於美國，中國亦然，所以放棄了多邊主義，改為單挑中國，不但招致一事無成，還將美國孤立起來。拜登明白美國相對

於中國已無多少優勢，急忙重為馮婦，高呼「美國回來了！」，再次爭取其他國家支持共同遏制中國的崛起。

## 美拉攏附庸國遏華

這會成功嗎？其他國家深明美國這樣做是要維護自己一哥的地位，阿一害怕阿二要追上來，別國為何要把自己插在中間？最好的策略便是對美國虛與委蛇。中國發展迅速，美國停滯，此種對美國時不利兮的局面，不好應付。美國拉攏附庸國，除了靠自己的軍事力量外，主要須考慮兩個因素。

第一是經濟利益。中國在國際上的經濟影響力早已超過美國，世界上不到 200 個國家中，有 130 個的最大貿易夥伴已是中國。某國若選站在美國一邊，不怕中國懲罰自招損失嗎？而中國早已具備此種能力，最近 H&M 因抵制新疆棉花，被中國人民反擊，一夜間在中國全線垮了下來，便是一例。就連美國自己也深恐中國拋售美債，打亂其刺激經濟大計。美國若要拉攏別國，必須先安撫她們，但美國沒有多少利益可分派出去，便只能告訴這些國家，若她們肯與美國站在一起，美國會充當她們的宗主，向中國施壓，不容許中國制裁她們。

當這些附庸國對美國唯唯諾諾時，美國便可向中國顯示「實力」：「你瞧！我的盟國都支持我，我實力強大，你還敢經濟脅迫我的盟國嗎？」在安克雷奇會議中，布林肯正用上這一招。中方還招之道是直指美國並無資格在中國面前從實力角度出來訓話，又指外國都對中國抱怨只是美方自己的臆想。看樣子，中國對不堪美國壓力而選邊靠攏美國的附庸，只會加大力度打擊她

們，以達致殺雞儆猴的效果，美國因自己無力提供利益誘因，此種結盟容易被瓦解。早在戰國時代，中國已對此等策略了然於胸，澳洲、加拿大，甚至歐盟中某些國家都要付出代價。不打盟主，集中打附庸，正是主調。

第二個因素是價值觀及國際秩序。布林肯在開場白中便以港人及維吾爾人的代言人自居，辯說中國在香港及新疆的所作所為破壞了以規則為基礎的國際秩序，自然亦不符普世價值，所以這不是中國內政問題，換言之，美國及其盟國都有權利干預。

此等說辭雖然強詞奪理，但也頗為凌厲。在心理上，它利用了西方一些國家對新國際秩序的恐懼感。200 年來世界不是英國主導便是美國主導，而現在大有她們不熟悉的中國取而代之之勢，這前景的不確定性，容易使一些國家思想保守，忐忑不安。美國是二次大戰後國際規則與秩序的主要締奠者，聽從這些規則幾乎便等於聽從美國的指揮，美國說你違規，你便是違規，例如她自稱代表港人譴責中國，港人也不能有異議。

## 華再定義普世價值

中國的回應之道卻是大拙勝巧，一劍封喉。楊潔篪一口否定美國與少數西方國家制定的規則便等同國際承認的規則，中國只會視聯合國的規則為國際規則的核心。此說暗藏玄機，布林肯等人有苦自己知。在聯合國有關國際問題的多項表決中，美國常常一敗塗地，幾票輸給百多票，所以特朗普十分憤恨聯合國，從而退出其多個組織。至於普世價值，中國並不否定這個概念，反而借殼上市，用中國的價值「和平、發展、公平、正義、民主、自

由」重新定義普世價值。要注意，一用這些價值，美國便不成樣子，在伊拉克、敍利亞等地挑起戰爭，以致數十萬人死亡，難民無數，不但破壞了和平，阻礙別人發展，更無公平正義可言，處處觸及美國不想別人提起的痛腳，人權教師爺的角色豈不變得可笑？其實以人口而論，整個西方國家的人口尚未達到中國的三分之二，如何敢把少數政府的規則或價值視為普世？

在 10 年前，中國作出這些論述或許時機未熟，但 2019 年香港的黑暴已成功令中國絕大部分人民對西方的政治制度及政治操弄十分反感，再加上疫情中，美國屢屢馬失前蹄，而中國卻十分成功，俱使到世界不少人對美式制度與價值產生深刻懷疑，這次安克雷奇會議，中國的論述便得到很大的效果，中國人民更是感到興奮，其中一個效果便是習近平的地位更加鞏固。

（原刊於 2021 年 3 月 26 日《晴報》）